内容简介

　　本示范培训教材基于经济类教学"应用性"的要求，采用"单元归类、项目引领"的教学模式，包括学习目标、案例导入、案例解惑、能力转化等环节以及大量的典型案例及精彩点评，结构简明，深入浅出，体现了职业教育的"五个对接"理念，遵循教学做一体化。本教材共四个单元，系统深入地介绍了农村经纪人和农民专业合作社、农业经济合同的订立与履行、农业经济核算和效益评价、农村金融和农业保险等内容。

　　本教材既可作为新型职业农民培训用书，也可作为在职农民学历教育和各类职业学校农业经济专业的教学用书，还可作为从事农业生产的工作者的参考用书。

新型职业农民示范培训教材

新农村经济实务

王治文　主编

中国农业出版社

新型职业农民示范培训教材

编 审 委 员 会

本 册 编 写 人 员

出 版 说 明

发展现代农业，已成为农业增效、农村发展和农民增收的关键。提高广大农民的整体素质，培养造就新一代有文化、懂技术、会经营的新型职业农民刻不容缓。没有新农民，就没有新农村；没有农民素质的现代化，就没有农业和农村的现代化。因此，编写一套融合现代农业技术和社会主义新农村建设的新型职业农民示范培训教材迫在眉睫，意义重大。

为配合《农业部办公厅　财政部办公厅关于做好新型职业农民培育工作的通知》，按照"科教兴农、人才强农、新型职业农民固农"的战略要求，以造就高素质新型农业经营主体为目标，以服务现代农业产业发展和促进农业从业者职业化为导向，着力培养一大批有文化、懂技术、会经营的新型职业农民，为农业现代化提供强有力的人才保障和智力支撑，中国农业出版社组织了一批一线专家、教授和科技工作者编写了"新型职业农民示范培训教材"丛书，作为广大新型职业农民的示范培训教材，为农民朋友提供科学、先进、实用、简易的致富新技术。

本系列教材共有 29 个分册，分两个体系，即现代农业技术体系和社会主义新农村建设体系。在编写中充分体现现代教育培训"五个对接"的理念，主要采用"单元归类、项目引领、任务驱动"的结构模式，设定"学习目标、知识准备、任务实施、能力转化"等环节，由浅入深，循序渐进，直观易懂，科学实用，可操作性强。

我们相信，本系列培训教材的出版发行，能为新型职业农民培养及现代农业技术的推广与应用积累一些可供借鉴的经验。

因编写时间仓促，不足或错漏在所难免，恳请读者批评指正，以资修订，我们将不胜感激。

2017-06-20

目　　录

单元一

农村经纪人与农民专业合作社

项目一　农村经纪人实务

学习目标

知识目标　了解农村经纪人的概念和经纪活动内容。

技能目标　掌握农村经纪人的市场信息认知和处理能力。

情感目标　培养农村经纪人的市场意识和契约精神。

模块一　农村经纪人及其作用

案例导入

　　经纪人，俗称"二道贩子""倒爷"。"二道贩子"和"倒爷"是人们对从事低价买进、高价卖出经济活动人的一种贬义称呼，是人们沿袭旧思想观念，对从事流通领域买卖行为的一种错误认识。在市场经济中，市场的需求与供给总存在一定的差距，比如北京市场上大蒜供给大于需求，山东市场上大蒜供给小于需求，北京的买家出价就可能比山东买家出价高，价差的存在就提供了商机，使农村经纪人有利可图，这是市场经济必然存在的，是合情、合理、合法的。农村经纪人低买高卖，解决了卖家的销售问题，也解决了买家的购买问题，依靠自己的诚实劳动赚钱，是正当的。广大农村经纪人所从事的贩卖蔬菜、水果、鲜花、水产、牲畜、皮毛、药材、苗木等活动，都是受到国家法律保护的。而且国家也在逐步规范农村经纪人的行为，减少农村经纪活动中存在的欺行霸市、强买强卖等不正当的竞争方式，提高他们各方面的素质和抵抗风险的能力。

◆ 农村经纪人在农产品流通中发挥了哪些作用？

一、农村经纪人的含义

农村经纪人又称为"涉农生意中间人"，是指在农村流通领域撮合成交或直接组织农产品交易的人。

农村经纪人迎合了农业、农村和农民"三农"的发展需求，在厂商和农民，城市和农村之间筑起金色的经济桥梁。是农村经济发展的必然产物，也是推动农民走向市场经济的重要力量。

知识拓展

农 村 经 纪 人

农村经纪人只是一种特殊类型的经纪人，他们通过一定途径收集市场信息，并且对这些信息进行分析，挑选出对自己有用的信息，然后参与到农村经济流通领域中，从事撮合成交或直接组织农产品买卖交易，并从交易过程中获得一定收益。

佣金指农村经纪人为买卖双方提供交易信息、人员服务、交易场所、仓库、保管、运输等而收取的服务费。农村经纪人可以在完成交易前，和买方或者卖方商量具体的佣金数额；也可以事先和买方或者卖方谈好，按照交易金额的百分比作为佣金，如按照交易金额的 1.5%～3% 作为佣金。对农村经纪人来说，获取佣金的经纪活动不是主要的，更多的是采用自己经营的方式来获取利益。

农村经纪人是随着农村商品经济的发展和农业产业结构的调整需要而发展起来的商业群体，把市场与农户直接联系起来，既把本地的产品卖出去，又把外地的产品运进来，既能居中为介，又能沟通信息，被称为"农民与市场的纽带"。农村经纪人走南闯北，走家串户，活跃于城乡市场，在促进农村商品流通方面显现出极大的灵活性和主动性，架起了广大农民走向市场的桥梁。

二、农村经纪人的组织形式及活动方式

（一）农村经纪人的组织形式

农村经纪人的组织形式见图 1-1。

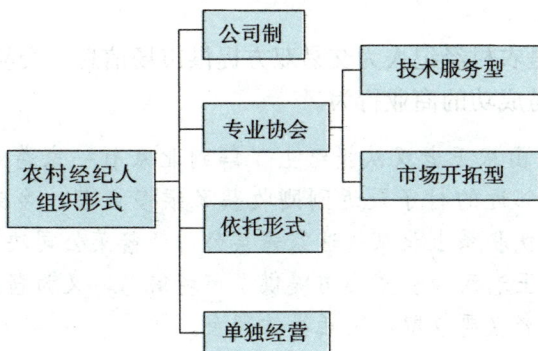

图 1-1　农村经纪人组织形式

1. 公司制形式

公司制形式的农村经纪人组织有明确的产权关系，运行效率很高，市场开拓和抵御风险的能力很强，信息资源的综合利用水平较高，是未来农村经纪人发展的必然方向。

2. 专业协会形式

专业协会形式是自发组建，没有明确的产权关系，本着民办、民管、民受益的原则，运行效率也很高，也有利于市场信息流通。因此也值得大力发展。专业协会型主要可分为两种类型：

（1）技术服务型。主要负责新品种引进，实用技术培训，加速农业和农村的高科技步伐，一般不负责产品的销售服务。

（2）市场开拓型。也叫"订单农业型"，特点是：协会向外跑市场签订单，统一引进良种，统一育苗，统一技术要求，统一技术培训，与会员或农户签订单合同，由协会统一销售，所以市场风险小，农民丰收有保证。

3. 依托形式

以信息中介服务站或农产品经营部为依托的形式，能提供一定的信息和产品，但不负责回收相应产品。

4. 单独经营

没有加入任何组织的农村经纪人，主要以个人为单位进行活动，这是一种原始的组织形式。从宏观来看，单独经营必然导致社会总体交易成本过高，个体抵御风险的能力也较差，因此效率特别低。

（二）农村经纪人经纪活动的形式

农村经纪人经纪活动的形式见图 1-2。

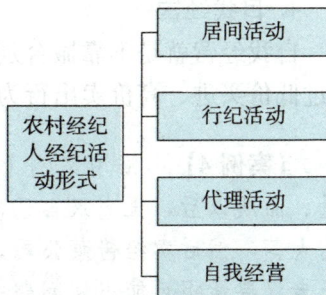

图 1-2　农村经纪人活动形式

1. 居间活动

居间活动就是农村经纪人为交易双方提供市场信息、交易条件以及媒介联系并撮合双方交易成功的商业行为。

【案例1】 山东王老汉从报纸上了解到北京有一家酱菜公司需要大量的大蒜，王老汉邻近的村子最近刚刚收获了很多大蒜，乡亲们正愁卖不出去。于是王老汉就联系上北京的这家酱菜公司，酱菜公司决定利用王老汉的庭院收购大蒜，王老汉为酱菜公司提供了市场信息，又为酱菜公司提供了交易场所，所以王老汉要收取居间活动的佣金。

2. 行纪活动

行纪活动就是农村经纪人受委托人的委托，以自己的名义与第三者进行交易，并承担相应法律责任的商业行业。

【案例2】 沿用案例1，王老汉联系上酱菜公司以后，若酱菜公司委托王老汉按照一定的价格和质量收购一定数量的大蒜，完成任务后支付王老汉一定的佣金。这种情况下王老汉是以他自己的名义去收购大蒜，在收购过程中出现的所有问题，王老汉要负责去处理和解决。

3. 代理活动

代理活动就是农村经纪人在委托权限内，以委托人名义与第三方进行交易，并由委托人直接承担相应法律责任的商业行为。

【案例3】 沿用案例1，王老汉联系上北京的酱菜公司以后，若酱菜公司委托王老汉按照一定的价格和质量收购一定数量的大蒜，完成任务后支付王老汉一定的佣金。和行纪活动不同的是，王老汉是以酱菜公司的名义收购大蒜，在收购过程中出现的所有问题，王老汉将不承担责任，而是由酱菜公司来承担责任。

4. 自我经营

自我经营就是不靠撮合别人的交易和接受别人的委托赚取佣金，而是自己通过低价买进、高价卖出行为来赚钱。

【案例4】 沿用案例1，王老汉在知道酱菜公司想要大蒜的价格、数量、品质以后，王老汉自己出钱，以自己认为合适的价格，从乡亲们手里收购大蒜，然后卖给酱菜公司，从买和卖中间赚取价格差。这种经纪行为中，王老汉要承担可能出现问题的全部责任。

三、农村经纪人的作用

农村经纪人从无到有，从小到大，给传统农业向现代农业转型注入了新的活力。农村经纪人已经成为政府无法代替的重要力量。农村经纪人的作用具体表现在下面几个方面：

1. 增加农民收入

没有农村经纪人以前，农民既要生产农产品，还要销售农产品。由于农民缺乏对市场的了解，往往会因为缺乏市场信息经常出现农产品卖不出去或者卖价很低的现象，使农民遭受很大的经济损失。有了农村经纪人后，农民只管生产农产品，而把产品交给农村经纪人负责销售，大大降低了风险，增加了收入。

2. 促进农村产业结构的调整

农村经纪人见识广、信息灵，熟悉市场变化规律，根据市场的需求信息向农民提供生产意见和技术咨询；农民则根据农村经纪人的意见和技术信息安排生产，引进先进技术，调整生产结构。在农村经纪人的连续服务过程中，农业生产结构得以不断地按市场需求导向进行调整。

3. 促进小生产与大市场的对接

在市场经济下，农民的盲目生产会导致农产品供给与市场需求出现矛盾，增产不增收。农村经纪人的出现能够缓解这一矛盾。农村经纪人根据地区间的农产品差价，及时收购、转运、销售，既获取一定利益，又帮助农民把产品转化为效益。

4. 促进农村产业规模的扩大

农村经纪人在市场与农民之间的中介活动对农民起着重要的示范和引导作用。受农村经纪人影响，很容易形成"一村一品""一乡一业"甚至"一县一业"的格局。

5. 促进农村社会分工体系的完善和农村劳动力就业

农村经纪人从农业生产中独立出来后，专注于农产品市场的信息分析和产品销售，充当生产与市场之间的纽带，提高了农产品进入市场的速度；农民也有更多的精力投入到农产品生产和质量的提高上来。这样的分工协作，进一步促进了农业的生产发展和农村产业结构的调整。

农村经纪人一般采用"市场＋农村经纪人＋农户"的模式从事经纪活动。在这种模式下，一个农村经纪人联系着若干户农民，少的几户，多的上百户、上千户甚至上万户。由于农村经纪人为众多农户提供生产信息和技术指导，帮助农户销售产品，这就保障了众多农村劳动力生产活动的连续性，有效地促进了农村劳动力的就业。

6. 推动农村基层政府职能的转变

过去，为了改变农业生产和市场需求之间相互脱节的状况，农村基层政府往往采取行政指挥的手段安排农民生产。在这个过程中，基层政府虽然做了种种努力，但由于采取非市场化手段，经常导致很多农产品无法销售出去，不仅给农民造成经济损失，也影响党群、干群关系。农村经纪人成长起来以后，农民生产什么、生产多少，由农民根据市场需求进行安排；农民在生产中遇到市场及技术困难时，一般都找农村经纪人，不再找政府。这样，农村基层政府就可以有更多的时间和精力，履行社会管理和公共服务职能。

7. 提高农民组织化程度，促进市场的规范和发展

农村经纪人的出现解决了单个农民在竞争中各自为战、相互压价、相互拆台的问题，同时依靠集体的力量摆脱了竞争中的不利地位。

作为农村经纪人，并不是仅仅帮乡亲们卖粮卖菜，把他们的农产品销售出去，自己挣点差价、劳务费就算完成任务，更重要的工作是帮助农民分析和预测市场形势，同时为农民提供信息，指导农民按市场需求生产。这不仅需要农村经纪人会算账，还需要有经营头脑，有非常高的从业素质。

■■ 案例解惑

1. 增加农民收入；2. 促进农村产业结构的调整；3. 促进小生产与大市场的对接；4. 促进农村产业规模的扩大；5. 促进农村社会分工体系的完善和农村劳动力就业；6. 推动农村基层政府职能的转变；7. 提高农民组织化程度，促进市场的规范和发展。

模块二 农村经纪人调查研究的技巧
■■ 案例导入

蔬菜作物生产调查表

项目	栽培面积（公顷）	单位产量（千克/公顷）	总产量（吨）	商品量（吨）	备注
茄子					
西红柿					
辣椒					
黄瓜					
白菜					
萝卜					

　　　有了上表的调查资料，尤其是掌握了总产量和商品量两栏的统计数据，农村经纪人就有了供货信息，就可以为客户提供可靠的货源。
　　◆ 农村经济人应如何进行市场调查?

一、调查研究的作用

　　（1）能得到供货方或技术成果持有者的信誉保证程度、产品质量、技术成果的可行性、产品价格、转让费、售后服务和跟踪研究的信息。
　　（2）能得到需求方的信誉程度、资金持有情况等信息。
　　（3）能得到供需方的运输条件、技术消化能力等信息。

二、调查研究的内容

1. 供货方产品质量和分布调查

　　农作物播种面积、单位面积产量和总产量以及粮食作物、经济作物、蔬菜作物、饲料作物、果树林木的现状资料，可按表所列项目进行调查。

2. 供货方或技术成果持有者信誉保证调查

　　随着市场经济日趋激烈的竞争，个别企业或个人采取非法手段，生产假冒伪劣产品，蒙骗农户，或在商品质量上打折扣，以次充好，或简化售后服务手段，订货时信誓旦旦，售出后撒手不管。农村经纪人需对供货方的历史、现状、信誉度、知名度等做到心中有数。

3. 供货方的产品质量或技术成果可行性调查

　　对供货方的产品质量应对照相应的"质量标准"加以检验。

4. 供货方产品价格调查

　　首先调查供货方产品的性价比，其次调查市场上同类产品的价格，如果价格偏高，则应在谈判中迫使对方让步。

5. 供货方售后服务调查

　　了解供货方是否建立了售后服务系统、该系统是否完善以及服务网点分布状况、服务方式及服务水平等。

6. 需求方经济实力、需求意向及思想品质调查

　　农村经纪人的服务对象是买卖双方，要促成买卖成交，需要了解供货方，也要了解需求方，保证服务的针对性，提高交易的成功率，需求方所需求的可能是产品，也可能是科技成果，还可能是劳动力等其他需求。因此要对需求方的经济实力、需求的意向以及诚实程度等进行调查。

三、调查研究方法

调查研究的方法见图 1-3。

1. 资料剪辑法

农村经纪人应尽量订一些与业务有关的报刊、图书，把有用的信息剪裁下来，进行整理分析，有条件的最好用电子计算机进行整理分析，分类存储，为经纪工作积累资料，为经纪决策提供信息支持。

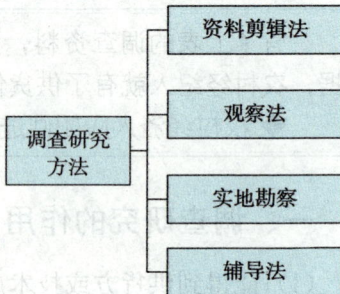

图 1-3 调查研究的方法

知识拓展

农村经纪人应重视四类信息

农村经纪人一般要重视四类信息：一是产销地的环境信息，即社会、市场、价格动向、政府有关计划、预算、分配、财政状况等动向；二是有关技术信息，即技术水平、技术潜力、新技术前景及替代技术预测；三是有关生产者和农村经纪人的信息，即经营战略、生产经营体制、经营者素质、经营能力分析；四是有关产品信息，即产品供求与竞争动向、新产品开发动向、竞争力要素等。农村经纪人应时时刻刻留心，细心收集各种文字媒介透露的有关信息，从中发现经纪机会。

2. 观察法

农村经纪人应观察现有商品运销情况；观察竞争对手动向，相关产品流向、流量、市场价格变化等；观察与自己经纪业务有关的消费者在不同时间、不同地点、不同阶段有哪些不同的商品需求以及购销特点，并详细记录下来。农村经纪人应持续且有系统地记录有关产品广告、促销等方面的活动。通过观察、比较，从中发现商机。

3. 实地勘察

在有些情况下，需要农村经纪人深入实地进行勘察调查。如有些农产品需要在收获前给生产者下订单，农村经纪人就需要到田头地块勘察，了解农作物的种植面积、品种分布、交通运输条件、运输距离等情况，以便确定经纪项目和运作方法，规划经纪活动。

【案例5】　河南省某地小麦需要机械收割，农村经纪人就要到田头地块实地了解小麦种植面积、品种分布、交通运输条件等情况，根据勘察的结果，有针对性地联系机收队伍，安排机收顺序，从而顺利高效地完成经纪活动。尤其是开展国际国内大宗产品经纪业务，更要进行实地勘察。有位外国粮食贸易商，为了吃透中国粮食市场的情况，以旅游的方式多次来华搞调查，几乎跑遍了所有的大城市，详细地研究了中国的粮食市场，做成多笔大生意。美国一家公司负责市场调查的董事长深有感触地说："市场调查中获得某些很小的情况，有可能导致一种产品的改进。"

4. 辅导法

商业信息不光在报纸杂志上披露，而且还会从各种社会经济现象的变化和差异中显现。农村经纪人要善于从变化和差异中发现商机，进而谋划经纪对策，开辟新的经纪市场空间。

【案例6】　河南省有经济头脑的农村经纪人，得知新疆维吾尔自治区棉花种植面积大，收棉花期间需要大量的劳动力，而当地农村劳动力少，收获棉花时必定忙不过来。于是就与有关部门和农户联系，确定劳动力需求的数量，组织闲散的劳动力到新疆维吾尔自治区收棉花，既解决了棉花产地对劳动力的需求，又增加了河南省农民的收入。

案例解惑

了解供货方或技术成果持有者的信誉保证程度，产品质量，技术成果的可行性，产品价格或转让费、售后服务或跟踪研究的信息；了解需求方的信誉程度、资金持有情况和诚信程度；了解供需方的运输条件、技术消化能力等信息。

模块三　农村经纪人经纪业务内容和业务流程
案例导入

近年来，随着农业产业化步伐的不断加快，扶沟县各类种养大户应运而生。目前，从事无公害蔬菜、优质无籽西瓜、黄金瓜、冬枣以及生猪、鸡、鸭等种养大户就有 600 多户。但是，在这些种养大户中，相当一部分人由于对市场运作不熟悉，导致种养的农产品不能直接进入市场。

扶沟县工商局充分发挥工商职能作用，实施了"经纪活农工程"，以培养、发展农村经纪人为着力点，在对辖区内的农产品产量、结构、特色等情况和农产品流通状况进行调查研究后，出台了相应的发展农村经纪人的规划和措施。扶沟县工商局通过集中办班、专题讲座等形式，对农村经纪人进行系统培训，提高他们的整体素质。与此同时，扶沟县工商局结合信用监管，倡导农户诚信经营，鼓励他们积极争创驰名商标、著名商标。扶沟县工商局已帮助农民申请注册了农副产品商标18件。其中，江村镇的"乐口夫"无籽西瓜注册商标后预计能使当地农民增收90多万元。

农村经纪人的培养与发展，一方面缓解了种养大户农产品的出路问题，推动了当地种养业向规模化发展，另一方面活跃了市场，增加了农民的收入。截至2013年5月底，扶沟县农村经纪人销售各类农产品达4 000多万元，农民人均增收150元以上。

◆ 农村经纪人的主要工作是什么？

一、农村经纪人经纪业务内容

1. 信息传递

农村经纪人接受买方或者卖方的委托，带着供给或需求一方的信息去寻找相应的交易对手，促成交易，从而收取相应佣金。由此可见，在买卖方之间进行信息传递，是农村经纪人的主要经纪业务活动。

2. 代表买方或卖方进行谈判

农村经纪人把买卖双方信息联系起来，但在交易条件上双方可能出现较大的分歧。在这种情况下，农村经纪人往往要在委托人授权范围内与对方进行谈判。

3. 交易咨询，办理相关交易手续

很多委托人不大了解交易活动的相关事宜，农村经纪人要为委托人进行咨询，并协助办理有关交易手续。

4. 起草交易活动所需的文件

由于农村经纪人可以根据委托方的意思表示进行经纪活动中有关文件的草拟工作。交易文件具有法律效力，涉及双方当事人的经济利益。因此，农村经纪人代替委托人草拟的文件，必须通过协商，并且由当事人签名盖章。

5. 为交易提供相关保证

农村经纪人作为联系买卖双方的中介，对交易的完成起到保证作用。通过自己的信誉使买卖双方能够顺利完成交易。

二、农村经纪业务流程

农村经纪业务流程见图1-4。

接受委托，对委托方的业务进行有效、正确的评估

↓

与委托方签订经纪合同，确定双方权利义务关系

↓

根据委托要求以及合同规定，为委托方寻找买家

↓

促成交易

↓

获得佣金

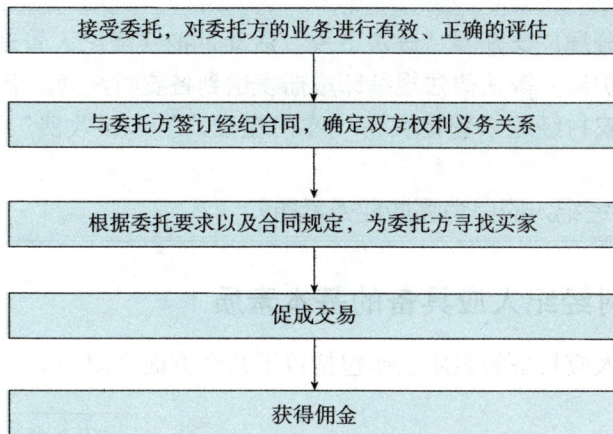

图 1-4　农村经纪业务流程

■■ 案例解惑

了解市场信息，进行谈判，促成供需双方的交易。

模块四　农村经纪人的综合素质和基本能力
■■ 案例导入

　　种什么最合算？养什么能挣钱？如何能将生产的农副产品换成更多的钱？针对农民普遍关心的问题，活跃在广大农村的经纪人往往能给出最准确的答案。

　　近年来，随着农业产业化步伐的不断加快，四平市一些有经营头脑的农民纷纷投身经纪行业。他们社会门路较广，掌握的市场信息较多，在种田养殖之余，为村民和收购商搭建起一座沟通桥梁，从中赚取一部分提成，在为自己带来收益的同时，促进了农产品市场的多元化运转，在一定程度上避免了部分农户农产品出现滞销的情况。

　　但一些农村经纪人不能正确按照法律的规定执业，只顾自己赚钱，在农户中形成了"虽然离不了，却又信不过"的尴尬局面。为了规范发展农村经纪人，让这些"农贩子""猪拉子"变成合法的市场主体，四平市工商部门年初在广泛调研的基础上制定了《四平市工商局关于加快培育和发展农村经纪人的实施意见》，并出台了多项措施，培育发展农村经纪人。

各基层工商分局广泛开展"送法下乡"活动，把《经纪人管理办法》《消费者权益保护法》等法律法规编印成册发送到各农村经营网点，并降低准入门槛，对农村经纪人登记实行"零门槛准入""零收费"和限时办照服务。

◆ 农村经纪人应具有哪些业务素质？

一、农村经纪人应具备的基本素质

农村经纪人应具备的素质主要包括以下几个方面（图 1-5）：

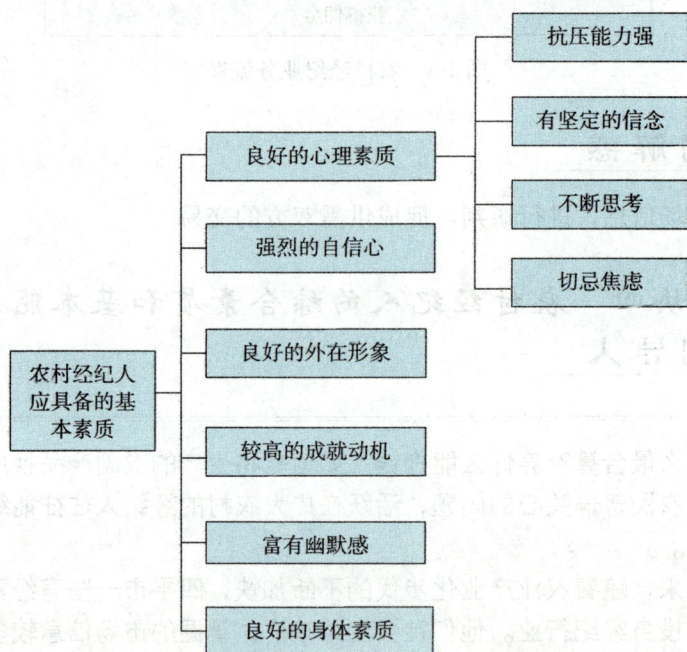

图 1-5　农村经纪人应具备的基本素质

1. 良好的心理素质

（1）抗压能力强。刘翔的教练孙海平曾说：运动员要提升自己的水平，在训练到极限的一刹那，一定要咬牙挺过去，挺过哪怕一秒，你就会上升一大步；如果挺不过去，水平绝不会提高。这是很有道理的，农村经纪人也一样，如果遇到困难就退缩、逃避，永远不会有进步，不会有提升。所以抗压是经纪人的心理素质中很重要的一点。

（2）有坚定的信念。农村经纪人在经纪活动过程中往往会遇到很多问题，这些难题的出现会打击他们的信心，从而失去希望。农村经纪人一定要相信没有解决不了的问题，要学会坚持。

（3）不断思考。大脑只有不断地思考才能运用得更为灵活，这也是农村经纪人的心理素质之一。我们所说的不断思考就是要学会在改变中寻找办法，不能消极地等待。生活中难免会遇到一些暂时不能解决的问题，这就要求学会思考、善于思考，行动永远比消极的等待好。

（4）切忌焦虑。有时候农村经纪人会碰到一些很难缠的客户，或者客户总是会提出一些很尖锐的问题为难农村经纪人，这会使一些农村经纪人变得很焦虑。人一旦焦虑了，大脑的思考就变得很迟钝，并且容易失去理智，这是对心理素质的考验。对农村经纪人而言，有点焦虑是在所难免的，但这也会全面考验一个人的意志和对事情的应对能力。

2. 强烈的自信心

自信是什么——自信就是发自内心的自我肯定和相信，是一种积极的心态，是获取销售成功的最重要的精神力量。

自信的误区——自信也需要把握一个度，过于自信就是自以为是，缺乏自信则是自卑。所以自信必须要以实事求是为前提。

自信的天敌——自信最大的敌人是恐惧、自卑、自以为是。

3. 良好的外在形象

科学技术再发达，农村经纪人也要去和客户面对面地交谈，也要主动拜访客户。所以，农村经纪人的形象就是给客户留下深刻印象的武器。农村经济人的形象包括仪表、服饰和言谈举止。

4. 较高的成就动机

麦克利兰的成就动机理论（情绪激发理论）认为成就动机是人格中非常稳定的特质，个体记忆中存在着与成就相联系的愉快经验。成就动机理论认为，当情境能引起愉快经验时，就能激发人的成就动机欲望。成就动机高的人，渴望与人沟通，善于与人交流，具有强烈的进取精神和坚韧的毅力，能够审慎地把握每一次机会，执着地向着特定的目标行动。

5. 富有幽默感

幽默感是有趣或可笑而意味深长的素养。农村经纪人应当努力使自己的言谈风趣幽默。

6. 良好的身体素质

农村经纪人的经纪领域有很强的地域性，经常要走村串户，往返于城乡之间，甚至翻山越岭、跋山涉水，消耗大量的体力和精力。健康的体魄、旺盛的精力是农村经纪人必须具备的身体素质。

二、农村经纪人的基本能力

农村经纪人的基本能力见图 1-6。

1. 语言表达能力

语言表达能力具体指用词准确，语意明白，结构明晰，语句简洁，文理贯通，语言平易，合乎规范，能把客观概念表述得清晰、准确、连贯、得体，没有语病。

2. 善于倾听的能力

善于倾听的能力表现在农村经纪人要特别善于倾听，身体语言、口头语言与说话内容高度配合；要善于交谈，真正了解客户的心理、爱好、性格习惯。

3. 获取和鉴别信息的能力

随着市场经济的发展和科学技术的进步，信息传播的数量和速度不断加大、加快。广泛地获得信息，从众多的信息中鉴别出有价值的内容，是当务之急。

图 1-6　农村经纪人基本能力

4. 良好的社交公关能力

社交公关能力反映的是一个人与社会融和、与他人交往沟通的能力，可以体现自身与公众利益之间建立起来的相互了解和信赖关系的能力。农村经纪人是买卖双方的纽带，连接着城乡，活动范围比较广泛，良好的社交能力可以充当经纪活动的润滑剂，调整农村经纪人与他人之间的各种关系。同时，一定的公关手段可以让农村经纪人迅速打开经纪局面。

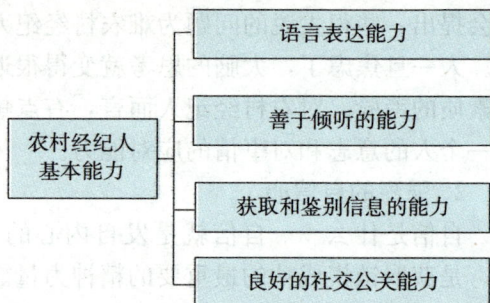

■ 案 例 解 惑

良好的语言表达能力，获取和鉴别信息的能力，良好的社会公关能力，完备的农产品的相关知识。

■ 能 力 转 化

● 实训题

1. 到农产品贸易市场观察经纪人的行为方式和了解其经验。

2. 寻找一个农户，商议给他做产品经纪商，注意操作中要做出买卖协议，体现双方利益。

3. 研究产品并进行市场调查，确定市场定位。

4. 寻找销售商，并建立销售关系，注意签订双方的销售协议。

5. 进行销售善后管理，注意控制农产品的规格、质量和数量，数量不足时要及时寻找货源补齐。

6. 交接货物后，要进行成本核算，并总结经验。

项目二　农民专业合作社实务

学习目标

知识目标　了解农民专业合作社的概念和特点。

技能目标　掌握合作社成立的条件、合作社成员的利益保护。

情感目标　培养合作精神。

模块一　农民专业合作社的概念及其特点

案例导入

> 　　近年来，山西省以发展农民专业合作社为重点，提升农业的组织化水平，该省 2010 年启动实施了农民专业合作社 "358" 示范行动，重点扶持 300 个省级示范社、500 个市级示范社、800 个县级示范社。
>
> 　　截至 2011 年底，山西省注册登记的农民专业合作社数量累计达到 41 008 家，6 年间增加了 20 多倍，全省农民专业合作社行政村的覆盖率达到 80% 以上。农民专业合作社实际成员数约 60 万户，带动农户 200 多万户，占全省农户总数的 1/4。
>
> ◆ 农民合作社对农民有什么好处？

一、农民专业合作社的概念

《中华人民共和国农民专业合作社法》（以下简称《农民专业合作社法》）第二条规定：农民专业合作社是在农村家庭承包经营基础上，同类农产品的生产经营者或者同类农业生产经营服务的提供者、利用者自愿联合、民主管理的互助性经济组织。

二、农民专业合作社的特点

1. 农民专业合作社是建立在农村家庭承包经营基础之上，由农民个人自愿联合办的经济组织

农民专业合作社区别于农村集体经济组织，是由依法享有农村土地承包经营权的农村集体经济组织成员即农民为主体，自愿组织起来的新型经济组织。加入农民专业合作社不改变家庭承包经营。

2. 农民专业合作社是专业的经济组织

农民专业合作社以同类农产品生产或者同类农业生产经营服务为纽带，来实现成员共同的经济目的，其经营服务的内容具有很强的专业性。这里所称的"同类"，是指以《国民经济行业分类》规定的中类以下的分类标准为基础，提供该类农产品的销售、加工、运输、贮藏、农业生产资料的购买以及与该类农业生产经营有关的技术、信息等服务，如可以是种植专业合作社、养殖专业合作社，也可以是更具体的蘑菇种植、木瓜种植、蔬菜种植、桑蚕养殖、养猪、养鸡、养牛、养鸭、养鱼、茶叶、莲藕等专业合作社。由于农民专业合作社强调的是以产品或者服务为纽带，所以它的发展就不受地域的限制，当然跨地域发展要考虑合作社发展的能力和规模。

3. 农民专业合作社是自愿和民主的经济组织

任何单位和个人不得违背农民意愿，强迫他们成立或参加农民专业合作社；同时，农民专业合作社的各位成员在组织内部地位平等，并实行民主管理，在运行过程中应当始终体现"民办、民有、民管、民受益"的精神。

4. 农民专业合作社是具有互助性质的经济组织

农民专业合作社是以成员自我服务为目的而成立的，参加农民专业合作社的成员，都是从事同类农产品生产、经营或提供同类服务的农业生产经营者，目的是通过合作互助提高规模效益，完成单个农民办不了、办不好、办了不合算的事。这种互助性特点，决定了它以成员为主要服务对象，决定了"对成员服务不以营利为目的"的经营原则。

三、合作社和公司的区别

合作社是一种联合起来进入市场的组织形式，当然也有其他的组织形式可以选择，如有的农民已经办了农产品经销公司。合作社和公司的区别主要有五个方面（表1-1）：

表 1-1　合作社和公司的区别

区　别	合　作　社	公　司
性质不同	农民之间互相帮助的一种经济组织	是一种投资行为
决策机制不同	以每个成员一人一票为基础进行决策	以股权为基础进行决策
分配方式不同	合作社的盈余分配，是以交易量额为基础进行的	利润分配是以股权为基础进行的
财产权利不同	在退社的时候合作社成员可以带走他的财产	公司的股东只能以转让股权的方式退出公司
成员地位不同	合作社成员地位平等，实行民主管理	企业法人是以股东持有的股份为决策机制的基础

■ 案例解惑

可以推进农产品标准化生产，为农户统一供应种苗、农资和饲料等。不仅可以提高产品质量，还可以降低生产和交易成本；可以加快农业科技成果的转化和先进农业科学技术的推广，也使农民不断产生学习和掌握先进农业科学技术的需求；通过注册商标，进行农产品和生产基地认定认证，可以提升农产品品牌和市场竞争力。通过一部分具有较强经营能力的农民专业合作经济组织领导者的努力，可以使农产品成为具有较高附加值的商品，给农民带来较高的经济效益。通过实行行业自律，避免无序竞争，可以促进农业经济健康发展。

模块二　农民专业合作社成立的条件
■ 案例导入

山西省太原市晋源区巨鑫蔬菜农民专业合作社成立于 2009 年 12 月，合作社注册资金 50 万元，拥有社员 121 户，经过社员大会表决，通过了合作社章程，产生了理事会、监事会机构，制定完善了合作社财务制度、会计核算办法和合作社社员盈利分配方案。合作社成立以来，始终坚持"合作社＋农户＋市场"的运营模式，组织发动五府营村的菜农联合起来，将农户手中分散的有限的土地、资金和人力组织调动起来，发展无公害蔬菜规模化生产，有效地促进了农民增收，为合作社的兴旺发展奠定了基础。2010 年，合作社被确立为省级示范合作社和市级明星示范合作社。

◆ 如何成立农民专业合作社？

同类农产品的生产经营者可以联合起来办合作社,《农民专业合作社法》规定办农民专业合作社必须符合三个要件:

一、符合法定的条件

1. 至少要有5名以上的成员,农民要占到80%以上

成立一个农民专业合作社至少要有5名以上的成员,在这些成员当中,农民要占到80%以上。《农民专业合作社法》也允许社会团体法人和企业法人加入农民专业合作社。为了保障农民的主体地位,也为了鼓励龙头企业以及一些为农服务的社会团体组织真正地帮助农民把合作社办好,法人成员的数量在法律上有一个限制,不能超过5%。如果合作社成员不到20人,法人成员只能有一个。具有公共管理职能或受委托行使公共管理职能的法人不得加入专业合作社。

2. 要有规定的章程

章程是合作社最重要的一个文件,合作社的很多大事都要由章程来规定,如对成员的入社条件的要求、合作社盈余的分配等。

3. 要建立组织机构

按照法律规定,合作社的理事长是必须设立的,因为理事长是合作社的法定代表人。其他如理事会、执行监事、监事会是否设立由合作社自己决定。

4. 合作社要有一处住所,还要起个名字

住所就是合作社的业务活动场所,是合作社自己建立的一个专门的场所,也可以是租用的,这个都由合作社自己来决定,但是要写在章程里。

5. 符合法律规定的名称

农民专业合作社的名称应当含有"专业合作社"字样,并符合国家有关企业名称登记管理的规定。合作社登记以后就可以用合作社的名义去订立合同、办理贷款,从事生产经营活动了。

6. 要有符合章程规定的成员出资

《农民专业合作社登记管理条例》第八条规定:农民专业合作社成员可以用货币出资,也可以用实物、知识产权等能够用货币估价并可以依法转让的非货币财产作价出资。成员以非货币财产出资的,由全体成员评估作价。成员不得以劳务、信用、自然人姓名、商誉、特许经营权或者设定担保的财产等作价出资。成员的出资额以及出资总额应当以人民币表示。成员出资额之和为成员出资总额。

二、召开设立大会

《农民专业合作社法》第十一条规定:设立农民专业合作社应当召开由全

体设立人参加的设立大会。设立时自愿成为该社的成员的人为设立人。

开设立大会主要是制定一个由全体设立人一致通过的章程，选举产生合作社的理事长、理事会、监事会和决定其他的重大事项。

三、到当地的工商行政管理部门办理登记手续

法律规定专业合作社办理登记是不收费的。只有经过登记，农民合作社才能获得法人的资格。

按照《农民专业合作社登记管理条例》第十一条规定,申请设立农民专业合作社,应当由全体设立人指定的代表或者委托的代理人向登记机关提交下列文件：

（一）设立登记申请书；

（二）全体设立人签名、盖章的设立大会纪要；

（三）全体设立人签名、盖章的章程；

（四）法定代表人、理事的任职文件和身份证明；

（五）载明成员的姓名或者名称、出资方式、出资额以及成员出资总额，并经全体出资成员签名、盖章予以确认的出资清单；

（六）载明成员的姓名或者名称、公民身份证号码或者登记证书号码和住所的成员名册，以及成员身份证明；

（七）能够证明农民专业合作社对其住所享有使用权的住所使用证明；

（八）全体设立人指定代表或者委托代理人的证明。

农民专业合作社的业务范围有属于法律、行政法规或者国务院规定在登记前须经批准的项目的,应当提交有关批准文件。

符合了上述三个条件，并且经过工商行政管理局登记注册，发给营业执照，合作社就算正式成立了，可以直接从事生产经营活动了。

■ 案例解惑

符合法定条件，召开成立大会，工商部门申请注册。

模块三　农民专业合作社成员利益的保护
■ 案例导入

山西省太原市怡花种植专业合作社于 2007 年创办成立，注册资金 1 000万元,位于太原市晋源区古城营村，北临太原环城高速，东距太原机场 8 公里。专业从事红掌、凤梨、竹芋、一品红等高档花卉的种植及销售。

为当地农民提供产前、产中、产后服务，使农民间互相团结，争取利益共享，以此形成良性循环，引导大家一同走"科技兴农"的新型农业道路。

合作社与种植户签订花卉收购和种植技术服务协议，从种苗、农药和肥料供给、花卉种植技术指导、收购价格、成品花卉的质量、产品交付与验收、货款的结算、担保、违约责任、合同的变更与解除等方面规定合作社与种植户双方的责任、权利、义务，最大程度的保护好农民利益。

◆ 合作社如何保护社员的利益？

保护农民成员的利益是农民专业合作社法里面一个非常重要的内容，《农民专业合作社法》从以下了几个方面做了规定：

一、合作社要为每一个成员设立一个成员账户

合作社成员账户的作用主要有两个：一是明确合作社成员和合作社之间的财产关系；二是作为合作社盈余分配的依据。合作社成员账户主要记录三项内容：

（1）合作社成员在加入合作社时对合作社的出资；

（2）合作社成员在合作社期间从合作社提取的公共积累，并将其量化为这个成员的份额；

（3）合作社成员在合作社期间与合作社进行交易的情况。

二、合作社的盈余分配方式

盈余分配是合作社财务管理工作的核心，也是处理成员与组织之间以及成员相互之间利益关系的核心。对于合作社而言，与一般的企业法人不同，其利润的形成既有成员出资的贡献，也有成员与合作社之间交易的贡献，因此，合作社的盈余分配，关键是要合理确定交易量返还与按照出资分配的界限。《农民专业合作社法》第三十七条规定：在弥补亏损、提取公积金后的当年盈余，为农民专业合作社的可分配盈余。可分配盈余按照下列规定返还或者分配给成员，具体分配办法按照章程规定或者经成员大会决议确定：

（一）按成员与本社的交易量（额）比例返还，返还总额不得低于可分配盈余的百分之六十；

（二）按前项规定返还后的剩余部分，以成员账户中记载的出资额和公积金份额，以及本社接受国家财政直接补助和他人捐赠形成的财产平均量化到成员的份额，按比例分配给本社成员。

就是说，在盈余分配的时候，有一个以农民向合作社交售产品为主的比

例，即以农民与合作社之间的交易量或交易额为主要的分配依据，并且盈余分配以四六开的比例为基本的原则。对于这一条的规定，首先要注意，按照交易量（额）返还的比例，不得低于可分配盈余的60％。

知识拓展

可分配盈余的分配

　　什么叫可分配盈余呢？比如说合作社在今年出售农产品的时候，赚取了10 000元的纯利润，这10 000元的利润在分配之前，按照法律的规定要先做两件事情，一是要弥补亏损，这个亏损可能是以前的亏损，二是要提取一定比例的公积金，这个公积金的提取比例是由合作社章程规定的，法律没有强制性的要求，合作社可以提公积金，也可以不提公积金。在做完这两件事情以后，剩余的部分就是可分配的盈余了。假如完成了上边两项工作以后，剩下了6 000元，这6 000元钱就是可分配盈余。

　　可分配盈余怎么分配呢？按照法律的规定，要按照成员与合作社之间的交易量或交易额进行比例返还。什么叫交易量和交易额呢？有些农产品可能在社员与合作社进行交易的时候，就是以社员向合作社提供了多少农产品来记载的，也有可能是以社员向合作社提供产品时的结算价格来记载的。如果以交售的农产品来记载就是交易量，如果以交售时候的价格来记载就是交易额，按照交易量或者交易额返还给社员的这一部分的比例不得低于可分配盈余的60％。就是说我们有6 000元可分配的盈余，如果按照交易量或者交易额的形式返还给社员，其返还比例不得低于6 000元的60％，即3 600元。当然这个返还比例在合作社的章程中还可以提高，这是法律授予的权利，但是任何一种分配，任何一个合作社，在进行这种按照交易量或者交易额形式返还的时候，返还比例都不得低于60％。这是法律的强制规定。

　　按这种比例形式返还怎样操作呢？如这3 600元要返还给100个成员，这100个成员交售的产品是5 000千克，每一个成员交售的数量是不一样的，有人多有人少，如有一个成员占了10％，另一个成员可能只占1％。按照比例返还就是要返给占10％的成员3 600元的10％即360元，返给占1％的成员3 600元的1％即36元。返还之后剩余的40％可分配盈余以分红的形式返还给成员。

三、财务公开

　　财务公开是合作社实行民主管理的一个非常重要的基础。所谓财务公开，就是有关合作社经济活动的情况，成员有权去了解、去掌握。

知识拓展

农民专业合作社的财务公开规定

关于财务公开，《农民专业合作社法》有以下规定：

第一，农民专业合作社的理事长或者理事会，应当在每年财务年度终了之前，制作相关的财务报表，包括年度业务报告，盈余分配方案，亏损处理方案以及财务会计报告，这些财务会计报告应当在成员大会召开 15 日前，公开放在合作社的办公地点，供成员查阅。

第二，合作社的成员有权查阅合作社的财务报表和会计账簿。

第三，合作社的理事长或者理事会编制了财务报告之后，要向成员大会或者成员代表大会报告，并且获得成员大会或者成员代表大会的批准。

第四，每年的财务活动合作社的执行监事或者监事会要负责进行内部的审计。如果没设执行监事或者监事会，审计活动由成员在查账时或是在成员代表大会审查报告时进行。合作社成员大会或者成员代表大会也有权决定对合作社的财务报告委托有关的审计机关进行外部审计。

财务公开的规定，核心的内容就是要保证农民成员的知情权，要让农民全面地了解和掌握合作社进行经济活动的情况，只有成员充分地了解和掌握了这些经济活动的情况之后，才有可能进行真正的民主管理。

四、民主管理

合作社是农民自愿兴办的，农民在其中享有充分的民主权利，合作社是农民拥有的一个企业，农民合作社的重大事项有充分的管理权利，这就是合作社民主管理的基本含义。

关于民主管理，农民专业合作社法主要有以下规定：

（一）关于（设立）成员大会或者成员代表大会的规定

《农民专业合作社法》第二十二条明确规定了合作社成员大会的八项职权，其中最主要的是修改章程，选举罢免合作社的领导成员，决定合作社的重大经济活动，决定合作社的合并、分立、解散、清算等。合作社的成员大会是由合作社的全体成员组成的。如果合作社规模比较大，合作社的成员大会也可以决定合作社设立成员代表大会。一般情况下，成员代表大会行使的权利是和成员大会一样的。成员大会在决定设立成员代表大会时，可以对成员代表大会的职权进行做一些限制。

（二）关于表决权的规定

《农民专业合作社法》规定，合作社成员在合作社成员大会当中的表决权是一人一票，这是合作社民主管理的基础，充分体现了合作社的成员在合作社当中地位平等。在保证合作社成员一人一票的表决权的同时，《农民专业合作社法》设定了附加表决权制度。附加表决权指的是在一人一票的这个基本表决权之外，合作社还可以设立一个受到限制的表决权。附加表决权制度的设立，主要是考虑在合作社的生产经营过程当中，有一些成员对合作社贡献的较大，为了充分调动他们的积极性，这部分合作社成员在一人一票的基本表决权基础之上，还可以享有一定数额的附加表决权。但是法律对于附加表决权的数量有明确的限制，就是每一个合作社设立的附加表决权不得超过本合作社基本表决权总数的 20%。

（三）关于表决的规定

表决是行使民主权利的最主要的形式。《农民专业合作社法》对于合作社成员大会和成员代表大会行使表决权有明确的规定。成员大会进行选举或者一般性的决议，应当由本社成员表决权总数过半数通过，如果决定的是修改章程，或者说合并、分立、解散等决议，则应该由有表决权总数 2/3 以上多数通过。有了成员大会，有了一人一票的基本表决权，有了对于表决权行使的规定，农民成员在决定合作社一些重大的经营事项的时候，就有了充分表达自己意见的渠道，这是合作社民主管理的基础。

（四）关于合作社管理人员侵犯合作社财产的行为的规定

《农民专业合作社法》第二十九条规定：农民专业合作社的理事长、理事和管理人员不能有下列行为：

1. 侵占、挪用或者私分本社资产；

2. 违反章程规定，或者未经成员大会同意，将本社资金借贷给他人或者以本社资产为他人提供担保；

3. 接受他人与本社交易的佣金归为己有；

4. 从事损害本社经济利益的其他活动。

理事长、理事和管理人员违反前款规定所得的收入，应当归本社所有；给本社造成损失的，应当承担赔偿责任。

■ 案例解惑

一要做到财务公开，二要做到民主管理。

模块四　关于退出合作社的规定

■ 案 例 导 入

> 　　某村民于 2011 年加入一个果蔬生产合作社，2012 年，由于一些原因，该村民决定放弃果蔬生产，退出果蔬生产合作社。
> 　　◆ 该村民能够退出合作社吗？

　　加入合作社是农民的权利，退出合作社也同样是农民的权利。农民专业合作社成员退社，是行使其自身的权利，不需要任何部门批准，只要按照相关法律的规定来办相关的手续就可以。

　　《农民专业合作社法》规定：

　　（一）如果合作社成员是农民，要退出合作社时，应当在财务年度结束之前的三个月向合作社提出；

　　（二）如果合作社成员是法人，要退出合作社时，应当在财务年度结束之前六个月向合作社提出。只要提出退出合作社实际上就等于已经退出合作社。

　　由于合作社成员和在一个经营年度的中间退出合作社，所以其原来与合作社订立的一些合同，对合作社承诺的一些义务，还需要按照当时章程的规定和与合作社的承诺继续履行。在退社的时候，合作社成员账户里面所记载的成员的财产都可以按照合作社章程的规定退还给退社的成员。

　　【案例7】　合作社成员入社的时候，入了 1 000 元钱，在其退社的时候，有可能他的财产没有变动，还是 1 000 元，则退还 1 000 元，当然也可能合作社经营得比较好，他的 1 000 元变成 1 200 元，则他退社的时候就有可能退还 1 200 元。当然如果合作社经营得不好，发生了亏损，或者其他一些原因，也可能他的 1 000 元变成 800 元，或者 600 元，只能按照这个减少的数额退还给他了。

　　《农民专业合作社法》规定：由于章程规定的解散事由出现的原因合作社解散的，或者人民法院受理破产申请时，不能办理成员退社手续。

■ 案 例 解 惑

　　能。农民要退出合作社时，应当在财务年度结束之前的三个月向合作社提出；法人要退出合作社时，应当在财务年度结束之前六个月向合作社提出。只要提出退出合作社实际上就等于已经退出合作社。

■■ 能 力 转 化

● **实训题**

学生分组，模拟建立×××农民专业合作社。

1. 学生分组讨论成立什么样的专业合作社。
2. 学生探讨形成专业合作社的章程。
3. 模拟选举专业合作社的组织机构。
4. 形成申请专业合作社的所需的资料。

单 元 二
农业经济合同的订立和履行

项目一 农业经济合同的含义和内容

✎ 学习目标

知识目标 了解合同的含义和形式。

技能目标 掌握经济合同的核心内容，能够准确辨别合同的种类。

情感目标 培养平等合同主体法律意识。

模块一 农业经济合同的含义及重要性
■ 案例导入

> 山西忻州的小王接到了某食品商联系罐头业务的电话，经过双方多次磋商，价格终于谈妥，对方到厂现款提货。与此同时，这个食品商又向小王打听了市场"反季节"蔬菜的价格，打算顺便贩运一车番茄等蔬菜，汽车返回时装罐头。小王了解到这种在本地夏季才收获的蔬菜，春节前特别好销，对方一算账，见有利可图，于是双方就在电话上定了这笔蔬菜生意。此后对方没再来电话。
>
> 1月1日下午4时，该食品商突然出现在小王的办公室，并说蔬菜已到，小王得知装蔬菜的车已跑了40多个小时，应尽快卸车，立即将车领到了蔬菜批发市场。此时，市场上前几天才运来几种蔬菜，市场已经饱和。小王只愿意出报价的1/3。食品商不愿意，双方久持不下，后来几名菜贩围着卡车狠劲砍价，双方讨价还价一个多小时，食品商很着急，眼看天色

已晚，如果拖到第二天，有的蔬菜便会腐烂，损失将会更惨重。无奈之下，食品商只好以比产地购价还低的价格将这 10 吨鲜菜脱手，亏了 2 000 多元运费和 1 000 多元本钱。食品商原以为稳赚，谁知"大意失荆州"，造成了不应有的损失。

◆ 该食品商从本次交易中应吸取什么教训?

一、农业经济合同的含义和形式

1. 农业经济合同的含义

农业经济合同是指在农业经济活动中发生经济联系的双方为着一定的经济目的而达成的相互权利义务关系的协议。具体地说，是指平等民事主体的法人、其他经济组织及个体工商户、农村承包经营户之间，在农业生产经营过程中，为实现一定经济目的，明确相互权利义务关系而签订的一种具有法律效力的契约。

农业经济合同是经济合同的重要组成部分，主要有农业承包合同、农业技术服务承包合同、农副产品购销合同、联营合同等（图 2-1），是保证农业经

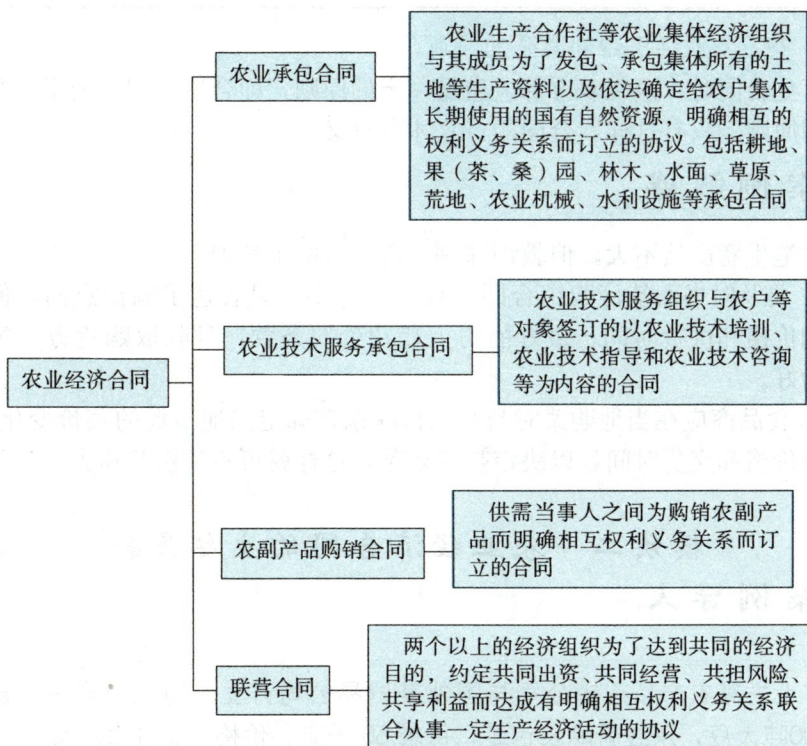

图 2-1　农业经济合同的种类

营过程顺利进行的重要手段。

2. 农业经济合同的形式

合同的形式，也称为合同的方式，是合同当事人达成的协议的表现形式，是合同内容的载体和外在表现。根据《中华人民共和国合同法》（以下简称《合同法》）规定，当事人订立合同，可以采用书面形式、口头形式和其他形式。相应地，农业经济合同也有三种形式（表2-1）。

表2-1　农业经济合同的三种形式

合同形式	内　　容	应　　用
书面合同形式	当事人以文字叙述的方式进行意思表示而订立合同，包括合同书、信件、数据电文（包括电报、电传、传真、电子数据交换和电子邮件）等可以有形地表现所在内容的形式	法律、行政法规规定采用书面形式的，应当采用书面形式。凡是不能即时清结的合同，均应采用书面形式
口头合同形式	当事人以口头交谈或电话交谈的方式，即只用语言不用文字为意思表示而订立合同	即时清结的合同
其他合同形式	书面形式、口头形式以外的合同形式	批准、等级、公告、公证和签证等

3. 签订农业经济合同遵循的原则

订立合同时，谈判双方都应遵循一定的原则，即合法原则、公平原则、诚实信用原则。只有这样，合同的订立才有意义。

■ 案例解惑

这笔生意虽然不大，但教训深刻，可吸取两个教训：

1. 要及时书面签订购销合同。食品商与小王只表达了购销意向，但未约定收购价格和供货时间；最好能写上违约处罚条款，且收取购货方一笔"定金"为好。

2. 食品商应在当地购菜时与小王再联系，确定当地市场的菜价变化情况，并敲定价格和交货时间，以决定是否运菜，这样就可不致引起损失。

模块二　农业经济合同的主要条款

■ 案例导入

北方某农产品购销公司与国外某贸易公司订立一份出口合同，出口1 000吨大豆，双线新麻袋包装，每袋50千克，价格为每吨200美元。我方交单收款后，买方来电："你公司所交货物扣除皮重后，不足1 000吨，现要求你方退回因不足部分多收的货款。"

◆ 对方的要求是否合理?

◆ 从本案中，我们可以吸取什么教训?

一、农业经济合同的构成

农业经济合同的结构见图 2-2。

1. 合同首部

包括合同的名称、合同号码（订约日期、订约地点）、买卖双方的名称和地址以及序言等内容。序言主要是写明双方订立合同的意义和执行合同的保证，对双方都有约束力等。双方的名称应用全称，不能用简称，地址要详细列明，因涉及法律管辖权问题，所以不能随便填写。

图 2-2　农业经济合同的结构

2. 合同本文

这是合同的主体部分，规定了双方的权利和义务，包括合同的各项交易条款，如商品名称、品质规格、数量包装、单价和总值、交货期限、支付条款、保险、检验、索赔、不可抗力和仲裁条款等，以及根据不同商品和不同的交易情况加列的其他条款，如保值条款、合同适用的法律等。

3. 合同尾部

包括合同文字的效力、份数、订约的时间和地点及生效的时间、附件的效力以及双方签字等，这也是合同不可缺少的重要组成部分。

4. 合同附件

并非所有合同均有附件。只要是与合同主体的明确性或权利义务的明确性有关的内容，无论是当事人资质、身份方面的证明，还是产品或服务的质量标准，以及合同中所提到的与合同的签订及履行有重大关系的文件，均可以成为合同的附件，以增强合同的明确性，便于实现合同目的或交易目的。合同附件是合同的共同组成部分，同样具有法律效力。

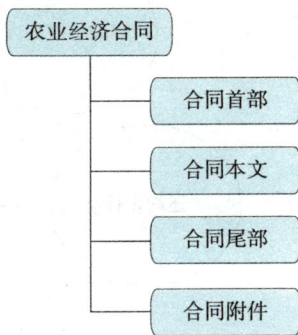

二、农业经济合同的主要条款

农业经济合同的内容即农业经济合同的主要条款就是农业经济合同当事人之间的权利和义务，由当事人约定，具体体现为合同的各项条款。根据《合同法》规定，在不违反法律强制性规定的情况下，合同条款可以由当事人自由约定，但一般包括以下条款：当事人的名称或者姓名和住所；标的，即合同双方当事人权利义务所共同指向的对象；数量；质量；价款或者报酬；履行期限、地点和方式；违约责任；解决争议的方法等（图2-3）。

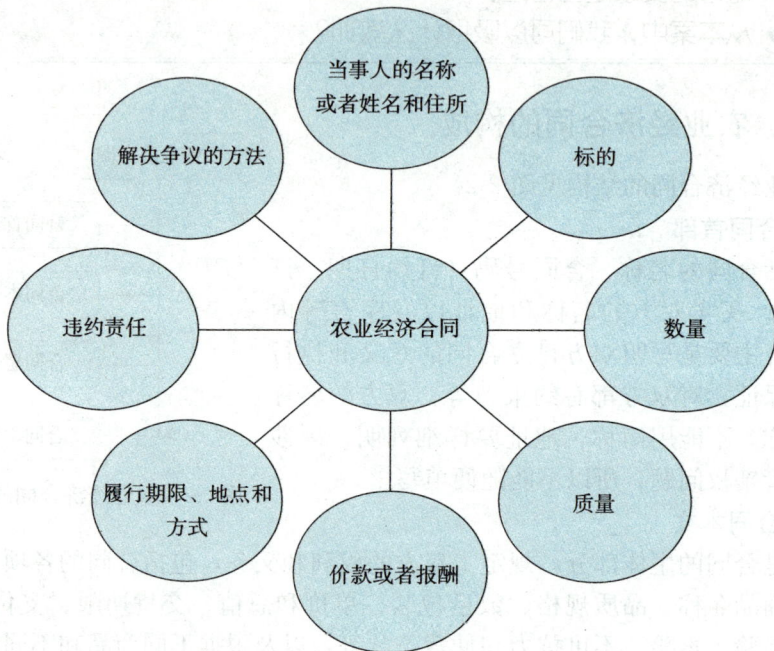

图2-3 农业经济合同的主要条款

1. 当事人的名称或者姓名和住所

即订合同的双方当事人的姓名、单位和地址。该条款是判断合同当事人是谁、当事人是否合格的依据。是法人和其他经济组织订立经济合同的，合同中应写明该法人或经济组织的名称、住所或经营场所、法定代表人或负责人姓名。是个体工商户和农村承包经营户签订经济合同的，合同中应写明工商户业主和农村承包经营户户主的姓名、住址。

2. 标的

标的是指合同当事人双方权利义务的共同指向的对象，既可以是物，还可以是货币、人的智力成果等，甚至可以是行为。合同标的是任何合同必须具备的主要条款，如土地承包合同中的土地、农产品购销合同中的农产品、贷款合同中的货币、技术转让合同中的专利技术。

3. 数量

数量是指标的物的计量尺度，是决定合同双方权利和义务大小的依据，是合同最重要的条款之一。当事人应当在合同中约定标的物的数量，标的物的数量应当以通用的计量单位（如千克、吨、米）明确表示，或者以行业、交易习惯认可的计量单位表示。标的物的数量可以是一个确定的量，也可以是一个可变的量，但这一可变的量在履行合同时必须要确定下来。

4. 质量

质量是指标的物的标准和规格，是检验标的物的内在品质和外观形态优劣的综合反映，包括标的品种、规格、型号、等级、标准、技术要求等。这可以说是合同最主要的条款之一，也是最容易引起纠纷的问题。在买卖合同中，一般采用以下几种方式确定标的物的质量：①以样品确定标的物质量，如家具；②以规格、等级和标准确定标的物质量；③凭品牌、商标确定标的物的质量；④以商品说明书确定标的物质量；⑤以良好平均品质确定标的物质量，适用于大宗产品交易，如花生可规定平均每千克的粒数。

5. 价款或者报酬

支付价款或报酬是根据合同取得标的物一方的主要义务。经济合同应当对标的物的价款或酬金的数额、计算标准、结算和支付方式作出明确的规定。如土地承包合同中承包方向发包方支付的承包金。

6. 履行期限、地点和方式

合同的履行期限是当事人履行合同的时间限度，是确定当事人的履行是否构成违约的标准之一。履行地点是指一方当事人履行义务，对方当事人实现权利的地方，也是确定运费由谁承担、风险由谁承受的依据。履行方式是指合同当事人履行义务的方法，常见的履行方式包括一次性履行和分期履行、卖方送货或卖方提货、运输方式和运输路线等。

7. 违约责任

违约责任是违反合同义务的当事人应当承担的法律责任，具有对受损方的补偿性和违约方的惩罚性特点。合同中明确规定违约责任，有利于督促当事人自觉履行合同。当事人可以在合同中约定一种或数种违约责任，常见的违约责任形式有强制履行、赔偿损失、修理、更换、减价、退货、支付违约金等。

8. 解决争议的方法

解决争议的方法即约定当因合同履行发生争议时，通过何种方式（仲裁或诉讼）解决争议。

合同生效后，当事人就质量、价款或者报酬、履行地点等内容没有约定或者约定不明确的，可以协议补充；不能达成补充协议的，按照合同有关条款或者交易习惯确定。此外，根据合同的具体种类，合同双方当事人还可以就包装条款、担保条款、检验条款等做出约定，但不要求在一份合同中包含所有条款。

知识拓展

格 式 条 款

　　格式条款是指一方当事人为了与不特定多数人订立合同重复使用而单方预先拟定，并在订立合同时不允许对方协商变更的条款。格式条款在经济生活中很容易形成"霸王条款"。所以《合同法》对格式条款的效力及解释有特别规定，以保证合同相对人的合法权益：

　　1. 采用格式条款订立合同的，提供格式条款的一方应当遵循公平原则确定当事人之间的权利和义务，并采取合理的方式提请对方注意免除或者限制其责任的条款，按照对方的要求，对该条款予以说明。

　　2. 格式条款在以下三种情况下无效：

　　(1) 提供格式条款的一方免除其责任、排除对方主要权利的。

　　(2) 损害国家利益；恶意串通，损害国家、集体或者第三人利益；以合法形式掩盖非法目的；损害社会公共利益；违反法律、行政法规的强制性规定。

　　(3) 造成对方人身伤害的或者因故意或者重大过失造成对方财产损失的免责条款。

　　3. 对格式条款的理解发生争议的，应当按照通常理解予以解释。对格式条款有两种以上解释的，应当做出不利于提供格式条款一方的解释。格式条款和非格式条款不一致的，应当采用非格式条款。

　　格式条款的适用可以简化签约程序，加快交易速度，减少交易成本。因此并非格式条款就是不公平的。

■ 案 例 解 惑

　　1. 对方要求是合理的。

　　2. 按照国际惯例，合同中未规定商品重量计算方法时，应按照净重计算。因此，对于以重量计量的低值商品，可在合同数量条款中规定"以毛作净"。

■ 能 力 转 化

● 案例分析

　　2013 年 2 月份，春节来临之前，某蔬菜批发商店和菜农刘某签订一个黄瓜购销合同，合同约定：蔬菜批发商店向刘某购买黄瓜 1 500 千克。合同订立后，刘某向蔬菜批发商店交了第一批 500 千克黄瓜。这时，随着农历新年来临，黄瓜价格大幅上扬，其他客户以高价向刘某订货。在利益驱动下，刘某连续半个月未向蔬菜批发商店交货，而是卖给了其他高价位客户。其间蔬菜批发商店多次催促刘某交货未果，只好以高价向其他菜农订货。元宵节过后，黄瓜价格回落，刘某在 2 月下旬几天内向蔬菜批发商店交出余下的 1 000 千克黄瓜。因年节后人们消费量大幅下降，蔬菜批发商店拒绝接受后两批黄瓜，并要求刘某赔偿其高价向其他厂家购买差价。

◆ 蔬菜批发商店的要求法院能否支持？为什么？

● 思考题

想一想，在我们的生活中，会遇到哪些格式条款？请举例说明。

项目二　农业经济合同的签订

学习目标

知识目标　了解农业经济合同生效的条件。

技能目标　掌握农业经济合同订立的程序和特殊合同的生效条件。

情感目标　培养平等、互利的商业意识。

模块一　订立农业经济合同的程序

案例导入

甲乙两公司互发电子邮件协商洽谈一笔水果生意。7 月 16 日甲称："有优质火龙果 10 吨，5 000 元/吨，自己提货。" 7 月 18 日乙回电称："4 800 元可买 5 吨。"甲于当日回复："可以，7 月 20 日到我这儿提货。"乙于 7 月 19 日回电："同意。"

◆ 甲乙在互发电子邮件过程中，哪些行为是要约？那个行为是承诺？

农业经济合同的订立，必须在双方当事人对合同的主要内容和条款充分协商讨论后，取得一致意见的基础上才能成立。签订农业经济合同与签订其他合同一样，需要经过"要约"和"承诺"两个阶段（图 2-4）。

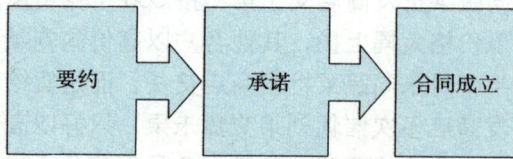

图 2-4　农业经济合同成立的步骤

一、要约

1. 要约成立的要件

要约（订立合同的提议）是指一方向对方发出的希望与对方订立合同的意思表示。这种表示在对外贸易的货物买卖合同中，称为发盘、发价或报价。做出订约表示的人称为"要约人"，另一方称为"受要约人"。要约是订立合同的必经阶段，不经过要约的阶段，合同是不可能成立的，要约作为一种订约的意思表示，能够对要约人和受要约人产生一种拘束力。要约发出后，非依法律规定或受要约人的同意，不得变更、撤销要约的内容。

要约应具备以下三个条件：

（1）要约原则上应向特定的人发出订立合同的意思表示。

（2）要约的内容必须具体、确定，即该要约已具备了未来合同的必要内容。一项明确的要约一般应包括：标的的名称、数量、质量、规格、价格及时间和地点。实务当中包含了品名、数量和价款三项内容就可以认为是一个明确确定的要约。

（3）要约必须表明一旦经受要约人承诺，要约人即受该意思表示的约束。作为一个合格的要约，一旦被接受，合同即告成立。要约人不能出尔反尔，否则属违背合同。

2. 要约的生效

我国《合同法》第十六条规定：要约到达受要约人时生效。所谓到达是指到达对方的控制范围，而并不一定要交到对方的手中。

要约的送达方式不同，其到达时间的确定也不同。如采取直接送达方式发出要约的，记载要约的文件交给受要约人时生效；以普通信件形式发出的要约，在信件投到对方的邮箱时，要约就生效了；采用数据电文形式发出要约的，在数据电文进入对方的收件系统时生效。

3. 要约的撤回和撤销

要约的撤回和撤销见表 2-2。

表 2-2　要约的撤回和撤销

要约的撤回	要约的撤销
可以撤回	可以撤销
撤回要约的通知应当在要约到达受要约人之前或者与要约同时到达受要约人	撤销要约的通知应当在受要约人发出承诺通知之前到达受要约人
	下列两种情形不得撤销要约： （1）要约人确定了承诺期限或者以其他形式明示要约不可撤销； （2）受要约人有理由认为要约是不可撤销的，并已经为履行合同做了准备工作

4. 要约的失效

要约失效是指要约丧失法律效力，即要约人与受要约人均不再受其约束，要约人不再承担接受承诺的义务。

（1）拒绝要约的通知到达要约人。

（2）要约人依法撤销要约。

（3）承诺期限届满，受要约人未做出承诺。

（4）受要约人对要约的内容做出实质性变更。

二、承诺

1. 承诺成立的要件

承诺是当事人一方（即受要约人）表示愿意接受要约人所提出的要约并按照要约的内容订立合同，是受要约人以行为或其他方式对一项要约表示同意的意思表示，承诺又称接受。

承诺应当具备以下条件：

（1）承诺必须由受要约人做出。

（2）承诺须向要约人做出。

（3）承诺的内容须与要约保持一致。这是承诺最核心的要件，承诺必须是对要约完全的、单纯的同意，是绝对的和无条件的。如果受要约人在承诺中对要约的内容做出实质性变更，便不能构成承诺，而应当视为对要约的拒绝是一项反要约。所谓实质性变更，是指对有关合同标的、数量、质量、价款或者报酬、履行方法、违约责任和解决争议方法做出的变更。在实际的农业生产经营活动中，要讨价还价，一项交易可能要经过要约、反要约的反复多次才能成功。

（4）承诺必须在要约的有效期内做出。如果承诺期限已过而受要约人还想订立合同，当然也可以发出承诺，但此承诺已不能视为是承诺，只能视为是一项要约。原来的要约人不再受原要约的拘束，他可以不答应受要约人，当然也可以答应，如果答应，是作为受要约人承诺要约人的要约。

（5）承诺必须具备相应的形式。通常，它须与要约方式相应，即要约以什么方式进行，其承诺也应以什么方式进行。承诺应当以明示或者默示的方式做出。如甲写信向乙借款，乙未写回信但直接将所借款如数寄来就是一种默示表示承诺的方式。

2. 承诺的效力

《合同法》规定，承诺应当在要约确定的期限内到达要约人。承诺不需要通知的，根据交易习惯或者要约的要求作出承诺的行为时生效。

采用数据电文形式订立合同，收件人指定特定系统接收数据电文的，该数据电文进入该特定系统的时间，视为到达时间；未指定特定系统的，该数据电文进入收件人的任何系统的首次时间，视为到达时间。

在下列情况下，承诺不发生效力：

（1）承诺被撤回。受要约人做出承诺后可以撤回承诺，但撤回的通知须先于承诺通知或与之同时到达要约人，否则承诺仍然生效。如因送达的原因使撤回承诺的通知迟到的，要约人应将此情况及时通知对方，否则，撤回承诺的通知视为未迟到。

（2）承诺迟到。所谓承诺迟到是指受要约人在承诺期限内发出承诺，按照通常情形能够及时到达要约人，但因其他原因承诺到达要约人时已经超过承诺期限。此种情形下，除非要约人及时通知受要约人因承诺超过期限而不接受承诺，否则承诺为有效。

案 例 解 惑

1. 甲于7月16日发电："有优质火龙果10吨，5 000元/吨，自己提货。"是要约，因该电文中包含了标的、数量、价格及履约方式，内容确定，符合要约的条件。

2. 甲于7月18日回电："可以，7月20日到我这儿提货。"是一个新的要约，因虽然其电文对乙电文中的价格表示同意，但对履约期限做出了新的规定。

3. 乙于7月18日回电："4 800元可买5吨。"是一个反要约，因乙电文中对甲的要约价格和数量均进行了实质性修改。

4. 乙于7月19日回电："同意。"是承诺，是表示对甲7月18日电文的完全同意。

模块二　农业经济合同的效力

■ 案例导入

> 20××年5月19日，获嘉县南官滩村两委会经研究决定：本村八支河以南40亩*土地向村民发包，5月23日进行公开投标。5月23日，村委会主任杜生刚未参加会议，由村党支部书记杜生美主持，竞标如期进行。经竞标，南官滩村村民王治国、杜军领以1.27万元的价格中标，两人随即交了承包费。由于村委会的公章由村委会主任杜生刚保管，未参加竞标会的杜生刚不同意在合同上加盖公章并签名。为此，南官滩村党支部书记杜生美，与其他村委委员在合同上签名，表示合同已生效。因合同上未加盖公章，村党支部将该问题反映到了镇政府。杜生刚告诉镇政府其已于5月20日将该40亩土地发包给了东浮庄的浮习超等3人，并已签了合同。由于出现了两个承包合同，两方承包人为同一块土地争执不下。王治国、杜军领遂起诉要求确认合同效力，并履行合同。
>
> ◆ 两个承包合同，哪一个是有效的土地承包合同？

一、农业经济合同的成立

合同成立是指订约当事人就合同的主要条款达成合意。

合同的成立是认定合同效力的前提条件。只有成立的合同才会发生合同是否有效的问题。合同的成立也是区分合同责任和缔约过失责任的根本标志。合同订立过程中，因一方当事人的过失致使合同不成立即订约失败，造成他方损失的，过失方应当承担赔偿责任，但因合同关系尚不存在，这种赔偿责任只能属于缔约过失责任。只有在合同成立后，因当事人之间存在合同关系，一方违反合同的，才会发生合同的违约责任。

1. 农业经济合同成立的条件

农业经济合同成立的条件见图2-5。

实际上由于合同的性质和内容不同，许多合同都具有其特定的成立要件。如我国法律、行政法规规定由国家批准的合同，获得批准后，合同才能成立。

2. 农业经济合同成立的时间

---

*　亩为非法定计量单位，1亩≈667米²。——编者注

```
┌─────────────────────────────────┐
│      农业经济合同成立的条件       │
└─────────────────────────────────┘
   │
   │   ┌─────────────────────────────────┐
   ├───│   订约主体存在双方或多方当事人   │
   │   └─────────────────────────────────┘
   │
   │   ┌─────────────────────────────────┐
   ├───│ 双方当事人订立合同必须是"依法"进行的 │
   │   └─────────────────────────────────┘
   │
   │   ┌─────────────────────────────────┐
   ├───│  当事人必须就合同的主要条款协商一致  │
   │   └─────────────────────────────────┘
   │
   │   ┌─────────────────────────────────┐
   └───│   合同的成立应具备要约和承诺阶段   │
       └─────────────────────────────────┘
```

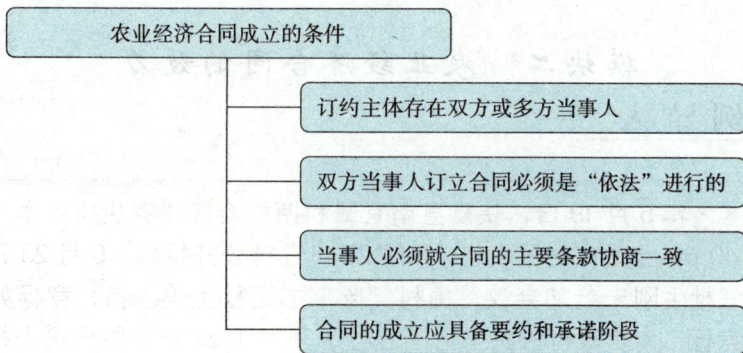

图 2-5　农业经济合同成立的条件

当事人采用要约、承诺方式订立的合同，合同成立时间是由承诺实际生效的时间所决定的。如受要约人 10 月 5 日做出承诺，10 月 6 日寄出，10 月 8 日要约人收到该承诺，合同成立的时间就是 10 月 8 日承诺到达要约人之时。

当事人采用合同书协商订立合同的，自双方当事人签字或者盖章时，农业经济合同成立。法人订立书面合同的，应加盖法人公章，并有法定代表人或其授权代表签名盖章。

当事人采用信件、数据电文等形式订立合同的，可以在合同成立前要求签订确认书，这种情况下，签订合同确认书时合同成立。

法律、行政法规规定或者当事人约定采用书面形式订立合同，当事人未采用书面形式但一方已经履行主要义务且对方接受的，该合同成立。

采用书面形式订立的合同，在签字或者盖章之前，当事人一方已经履行主要义务且对方接受的，该合同成立。

3. 农业经济合同成立的地点

一般而言，承诺生效的地点即为合同成立的地点，由于合同的成立地有可能成为确定法院管辖权及选择法律的适用等问题的重要因素，因此明确合同成立的地点十分重要。

承诺采取的方式不同，承诺生效的地点也不同。《合同法》规定，当事人采用合同书形式订立合同的，双方当事人签字或者盖章的地点为合同成立的地点；采用数据电文形式订立合同的，收件人的主营业地为合同成立的地点，没有主营业地的，其经常居住地为合同成立的地点；当事人另有约定的，按照其约定。

二、农业经济合同的生效

如果说合同的成立是指合同订立过程的完成，那么合同的生效则指依法成立的合同为使其具有法律所赋予的约束力而产生的效力。合同是否生效，取决于是否符合法律规定的有效条件。判断一个农业经济合同是否有效，其结果则有生效、无效、效力待定、可变更、可撤销等多种情形。

1. 农业经济合同生效的条件

农业经济合同的生效，指已经成立的合同在当事人之间产生了一定的法律约束力。一般而言，合同生效的条件可分为实质要件和形式要件（表2-3）。

表2-3　农业经济合同生效的条件

	条件描述	说　　明
实质要件	当事人的主体资格合法	合同主体为自然人的应该是具有完全行为能力的自然人。合同主体为法人、非法人组织，法人、非法人组织必须在它们的经营范围内签订的合同，才受法律保护
	当事人的意思表示真实	以欺诈、胁迫的手段、或者乘人之危、或逃避法律的行为，或在违背真实意思的情况下所为的行为，都将导致合同不发生法律效力
	合同的内容符合法律规定	合同的内容和目的不得违反国家法律、法规的强制性规定；不得损害他人利益和危害国家利益、社会公共利益
形式要件	合同的形式符合法律规定	法律、行政法规规定采用书面形式的，应当采用书面形式。当事人约定采用书面形式的，应当采用书面形式
	依法成立的合同，自成立时生效	法律、行政法规的特别规定和当事人的约定生效时间的除外。法律、行政法规规定应当办理批准、登记等手续生效的，依照法律、行政法规的规定，即合同依法成立且自办理完毕批准、登记等手续时合同生效。双方当事人在合同中约定合同生效时间或生效条件的，以约定为准

2. 无效合同

无效合同是指不符合合同的有效条件，不具备法律效力的合同。分为全部无效合同和部分无效合同。

合同无效的原因及其后果见表2-4。

3. 效力待定的合同

效力待定合同，是指已成立的合同，因欠缺合同的有效要件，其效力是否发生尚未确定，而有待其他行为使之确定的合同（表2-5）。

效力待定的合同，首先应是已成立的合同。其次是其效力状况不确定，即可能转变为有效合同，也可能转变为无效合同。

表 2-4　合同无效的原因及其后果

	原　因	后　果
无效合同	因当事人无合法资格而无效	1. 合同自始无效，溯及既往。无效的合同，部分无效，不影响其他部分效力的，其他部分仍然有效。 2. 当事人之间返还财产，使财产关系恢复到合同订立前的状况。 3. 折价补偿或赔偿损失。有过错的一方应当赔偿对方因此所受到的损失，双方都有过错的，应当各自承担相应的责任。 4. 收归国有或返还集体、第三人。当事人恶意串通，损害国家、集体或者第三人利益的，因此取得的财产应当收归国家所有或者返还集体、第三人。这一规定仅适用于当事人恶意串通，损害国家、集体或者第三人利益所订立的这种无效合同，不适用于其他无效合同
	欺诈的合同、胁迫的合同	
	当事人恶意串通损害国家、集体或第三人利益的合同，伪装的合同	
	因合同的内容、形式、订立程序违法（强制性规定）而无效	

表 2-5　效力待定的合同

	原　因	后　果
效力待定合同	限制民事行为能力人订立的合同	经法定代理人追认后，该合同有效，但纯获利益的合同或者与其年龄、智力、精神健康状况相适应而订立的合同，不必经法定代理人追认
	无权代理人以本人名义订立的合同	行为人没有代理权、超越代理权或代理权终止后，以被代理人名义订立的合同，未经被代理人追认，对被代理人不发生效力，由行为人承担责任
	无处分权人处分他人财产而订立的合同	无处分权的人处分他人财产，经权利人追认或无处分权人订立合同后取得处分权的，该合同有效

4. 可变更和可撤销的合同

可变更、可撤销的合同是基于法定原因，当事人有权诉请法院或仲裁机构予以变更、撤销的合同。主要包括因重大误解订立的合同，订立合同时显失公平的合同，因欺诈、胁迫订立的合同，乘人之危订立的合同。

对于可变更、可撤销的合同，当事人有权诉请法院或仲裁机构予以变更、撤销。司法实践中，对于重大误解或者显失公平的民事行为，当事人请求变更的，人民法院应当予以变更；当事人请求撤销的，人民法院可以酌情予以变更或者撤销。合同的变更，以原合同关系的存在为前提，变更部分不超出原合同关系之外，合同的变更原则上向将来发生效力，未变更的权利义务继续有效，已经履行的债务不因合同的变更而失去法律根据。合同的变更不影响当事人要求赔偿损失的权利。

撤销权由因意思表示不真实而受损失的一方享有，而且必须在其知道或者应当知道撤销事由之日起一年之内向人民法院或仲裁机关主动撤销该合同。具有撤销权的当事人知道撤销事由后明确表示或者以自己的行动表示放弃撤销权的，撤销权消灭，以后不能再提出变更或撤销合同。

■ 案 例 解 惑

《中华人民共和国农村土地承包法》（以下简称《农村土地承包法》）第四十八条规定，发包方将农村土地发包给本集体经济组织以外的单位或者个人承包，应当事先经本集体经济组织成员的村民会议 2/3 以上成员或者 2/3 以上村民代表的同意，并报乡（镇）人民政府批准。南官滩村村委会主任杜生刚与浮习超等 3 人签订土地承包合同时，在未召开村民会议，也未获得徐营镇政府批准的情况下，即将土地发包给了非南官滩村村民承包。因此，南官滩村村委会主任杜生刚与第三人浮习超等 3 人签订的土地承包合同违反法律规定，应属无效合同。王治国、杜军领经公开竞标取得土地的承包经营权，不违背法律规定，该合同虽然未加盖南官滩村村委会的公章，但招标方案是经南官滩村党支部和村委会共同研究意见一致，在徐营镇政府同意下确定的，因此，该合同应为有效合同。

知识拓展

订立土地承包合同的法定程序

《农村土地承包法》第十九条规定，订立承包合同的法定程序是：

1. 本集体经济组织成员的村民会议选举产生承包工作小组。

2. 承包工作小组依照法律、法规的规定拟订并公布承包方案。

3. 依法召集村民召开村民会议，讨论通过承包方案。对承包方案根据土地承包法的规定，依法经本集体经济组织的村民会议 2/3 以上成员或者 2/3 以上村民代表同意。

4. 公开组织实施承包方案。

5. 签订承包合同。这是土地承包的最后阶段。

承包合同应包括以下条款：

①发包方、承包方的名称、发包责任人和承包方代表的姓名、住所。

②承包土地的名称、坐落、面积、质量、等级。

③承包期限和起止日期。

④承包土地的用途。

⑤发包方和承包方的权利义务。

⑥违约责任。承包合同自成立之日起生效，承包方自承包合同生效时取得土地承包经营权。

能力转化

● 案例分析

案 例 一

某芦笋罐头厂收到一份大的外贸订单，需要采购一批芦笋，便向某县芦笋专业村的种植户发出订货邀请函，主要内容是："我厂准备购买大量新鲜芦笋，有意者请于我厂采购科联系，具体价格面议。"种植大户刘某接到该邀请函后，回了一封信，内容是："我这儿有大量新鲜的芦笋，每千克价格 10 元。如果需要，需付现款，提货交款，其他条件可再谈。"芦笋罐头厂向刘某发出第二封信，内容是："价格和货款支付方式我厂接受，如果你能送货上门，我厂可购买 500 千克，请于本月 18 日前答复。"信发出后，芦笋罐头厂就接到了该村另一种植大户郭某的来信，内容是："我产的芦笋每千克 9 元，如有需要可来信。"芦笋罐头厂遂于郭某联系，于当月 18 日与郭某联系并签订了购销合同。

◆ 哪些信函属于要约？为什么？

◆ 刘某如在 20 日前答复了芦笋罐头厂，并组织备货。他和罐头厂的合同是否成立？为什么？

◆ 假如刘某在 17 日做出答复，并积极备货，联系运输事宜，罐头厂以自己已经和郭某签约为由拒绝刘某的货物，刘某能否要求罐头厂承担赔偿责任？为什么？

案 例 二

甲农场与乙农机销售公司签订了一份农机买卖合同。由于甲农场的业务员对农机型号不太熟悉，在签订合同时，将甲农场原先想买的 B 型号农机写成了 A 型号农机。虽然乙公司提供的型号不是甲农场原想购买的 B 型号农机，但 A 型号农机质量和功能也不错。甲农场按照合同约定提货并支付了货款。

◆ 甲农场能否行使撤销权？

项目三　农业经济合同的履行

学习目标

知识目标　了解农业经济合同履行的原则、规则。
技能目标　学会应用合同履行的抗辩权和保全措施保护自身利益。
情感目标　培养适当履行合同的意识和运用法律保护自身权益的意识。

模块一　合同履行概述

案例导入

> 　　甲罐头厂有两台闲置的机器设备要处理。乙果品加工厂听说后，即到罐头厂联系购买事宜。双方协商后，签订了合同。合同规定，果品加工厂以 15 万元的价格购买机器设备，合同生效后 10 日内果品加工厂到罐头厂付款提货，任何一方违约须承担 2% 的违约金。丙冷库也听说罐头厂要处理两台设备，冷库正需要，且价格便宜，也派人到罐头厂洽谈购买。但迟了一步，设备已卖给了果品加工厂。冷库考虑若购买新的设备要花上近 3 倍的价格，见设备未运走，机不可失，就对罐头厂说，愿以 20 万元的价格购买该机器。罐头厂见有利可图，便与冷库签了同样的合同，只是价格高了，并要求冷库尽快来人付款提货。冷库第三天即派车来提货，不巧这一天果品加工厂也来提货。双方互不相让，均有合同为据。罐头厂自觉理亏，对果品加工厂说愿支付违约金，合同就不再履行了。但果品加工厂坚决不同意，一定要机器设备，罐头厂与冷库联合强行让冷库将设备拉走，对果品加工厂置之不理。于是，果品加工厂向法院起诉，要求罐头厂履行合同，支付违约金。罐头厂表示愿意承担违约责任，支付违约金，但履行合同已不可能，设备已经卖掉。法院受理后，将冷库列为第三人，一同参加审理。
> 　◆ 合同当事人能否以支付违约金为由拒绝履行合同?

　　当事人订立农业经济合同的目的，在于通过履行合同获得相应的经济利益。农业经济合同的履行，是双方当事人各自承担约定义务的实施阶段。

一、合同履行的概念

　　合同的履行，指的是合同规定义务的执行。如买卖合同的买方支付货款，卖方交付货物等。任何合同规定义务的执行，都是合同的履行行为；相应地，凡是不执行合同规定义务的行为，都是合同的不履行。因此，合同的履行，表现为当事人执行合同义务的行为。当合同义务执行完毕时，合同也就履行完毕。

二、合同履行的原则

合同履行的原则，是指法律规定的合同的当事人在履行合同的整个过程中所必须遵循的基本准则（表2-6）。

表2-6　合同履行的原则

原　　则	要　　求
实际履行原则（实物履行原则）	1. 当事人应自觉按约定的标的履行，不得任意以其他标的代替约定标的，尤其不能简单地用货币代替合同规定的实物或行为。 2. 当事人一方不履行或不完全履行时，首先应承担按约履行的责任，不得以偿付违约金或赔偿损失来代替合同标的履行，对方当事人有权要求其实际履行。但当标的物已经灭失时不得要求实际履行
适当履行原则（正确履行原则、全面履行原则）	1. 履行主体适当。即当事人必须亲自履行合同义务或接受履行，不得擅自转让合同义务或合同权利让其他人代为履行或接受履行。 2. 履行标的物及其数量和质量适当。 3. 履行期限适当。债务人不得迟延履行，债权人不得迟延受领；如果合同未约定履行时间，则双方当事人可随时提出或要求履行，但必须给对方必要的准备时间。 4. 履行地点适当。即当事人必须严格依照合同约定的地点来履行合同。 5. 履行方式适当。当事人必须严格依照合同约定的方式履行合同
协作履行原则	1. 债务人履行合同债务时，债权人应适当受领给付。 2. 债务人履行合同债务时，债权人应创造必要条件，提供方便。 3. 债务人因故不能履行或不能完全履行合同义务时，债权人应积极采取措施防止损失扩大，否则，应就扩大的损失自负其责
情势变更原则	在合同有效成立之后、履行之前，如果出现某种不可归责于当事人原因的客观变化会直接影响合同履行结果时，法律允许当事人变更或解除合同而免除违约责任的承担

三、合同履行的规则

当事人订立合同时难免会存在疏忽，致使合同生效后，才发现当事人就数量、质量、价款或者报酬、履行地点等内容没有约定或者约定不明确，可以协议补充；不能达成补充协议的，按照合同有关条款或者交易习惯确定。若按照合同有关条款或者交易习惯仍不能确定的，使用表2-7所示规则：

表 2-7　合同履行的规则

约定不明情形	履行规则
数量或质量要求不明确	按照国家标准、行业标准履行。 没有国家标准、行业标准的，按照通常或者符合合同目的的特定标准履行
价款或者报酬不明确	按照签订合同时标的的市场价格履行。 依法应当执行政府定价或者政府指导价的，按照规定履行。若在合同约定的交付期限内政府价格调整时，按照交付时的价格计价。 逾期交付标的物的，遇价格上涨时，按照原价格执行；价格下降时，按照新价格执行。 逾期提取标的物或者逾期付款的，遇价格上涨时，按照新价格执行；价格下降时，按照原价格执行
履行地点不明确	给付货币的，在接受货币一方所在地履行。 交付不动产的，在不动产所在地履行。 其他标的，在履行义务一方所在地履行
履行期限不明确	债务人可以随时履行，债权人也可以随时要求履行，但应当给对方必要的准备时间
履行方式不明确	按照有利于实现合同目的的方式履行
履行费用的负担不明确	由履行义务一方负担

■ 案例解惑

不能。

合同订立后，双方当事人均要及时、正确地履行合同。实际履行原则是合同履行当中应坚持的重要原则。该原则要求合同当事人严格按照合同规定的标的来履行，不得擅自用其他的标的来代替，也不得用违约金、赔偿金代替履行，除非法律另有规定。标的是合同的必备条款，在合同订立后，标的就已特定化、具体化。合同的履行即以此特定的标的为基础，如果情况发生变化，需要改变标的的，应双方协商一致，任何一方擅自改变标的均是违约行为。

违约金是法律规定的或双方约定的在一方当事人违约的情况下给予守约方的一定数额的货币。在当事人违约时，无论是否造成损失，均应支付违约金，但不是说合同违约支付违约金后就可不履行合同了。违约金只是对于违约方违反合同的行为所给予的惩罚和对于守约方因违约行为而造成损失的补偿，不影响原来合同的效力。既然原合同仍然有效，当事人自然还要继续履行合同，以实现合同订立的目的。除非违约方的行为已使合同根本无法履行，或者守约方不再要求违约方履行合同。

本案例合同的标的——两台机器设备，只因被告罐头厂谋求更高的价格而不想履行原来的合同,转卖给了第三人,意图用支付违约金的办法代替履行合同的标的。因为违约金与转卖的利益相比要少,而第三人明知被告已与原告订了合同,却出高价诱使被告将机器设备转卖于他,被告与第三人的串通行为已损害了原告的利益,因此,他们之间的合同是无效的,双方均应对此负责。故被告须归还第三人的设备款,第三人须归还机器设备。双方的损失各自承担。原告与被告签订的合同是合法有效的,应予支持。被告擅自违约转卖合同的标的,应承担全部责任。在原告要求继续履行合同的情况下,被告应继续履行合同。被告交付机器设备,原告支付货款,又鉴于被告的违约行为,根据合同的规定,还应支付违约金给原告。

模块二　农业经济合同履行中的抗辩和保全

■■ **案 例 导 入**

> 　　瓜农李某与某蔬菜批发公司签订了 1 吨西瓜的买卖合同,双方约定由蔬菜批发公司先支付货款,瓜农李某在收到货款后 3 天内向蔬菜批发公司交付西瓜。但蔬菜批发公司在约定的期限内没有向瓜农李某支付货款,反而催促瓜农李某先行交货,李某拒绝。
>
> 　　◆ 李某的做法是否合法? 其享有什么样的权利?

一、合同履行中的抗辩权

　　合同履行中的抗辩权是指双务合同中,当事人一方在对方未履行或者不能保证履行合同义务时可以相应地不履行合同的权利（表 2-8）。这些抗辩权利的设置,使当事人在法定情况下可以对抗对方的请求权,使当事人的拒绝履行不构成违约,可以更好地维护自己的利益。

表 2-8　合同履行中的抗辩权

抗辩权类型	权利人	履行条件
同时履行抗辩权	负同时履行义务的当事人	1. 必须是同一双务合同,双方当事人互负债务,在履行上存在关联性。双务合同履行上的关联性决定了同时履行抗辩权的存在,因此非双务合同不存在同时履行抗辩权。 2. 双方当事人同时履行必须是已到履行期限的,否则不能行使同时履行抗辩权。 3. 对方未履行合同或者没有提出履行合同,另一方才能行使同时履行抗辩权。如果一方当事人履行合同不全面或者不适当,如履行标的有瑕疵,标的数量不符合约定时,对方当事人对其履行不全面或不适当部分仍享有同时履行抗辩权

（续）

抗辩权类型	权利人	履行条件
先履行抗辩权	负后履行义务的当事人	1. 须有同一双务合同互负债务。 2. 须双方互负的债务有先后顺序，后履行一方的债务已届清债期。 3. 须先履行一方未履行或履行不适当
不安抗辩权	负先履行义务的当事人	1. 双方当事人因同一双务合同而互负债务。其成立须双方当事人因同一双务合同而互负债务，并且该两项债务立于对价关系。 2. 后给付义务人的履行能力明显降低，有不能为对待给付的现实危险。 但是，不安抗辩权的行使是有一定条件和限制。如无确切证据证明对方丧失履行能力而中止履行的，或者中止履行后，对方提供适当担保时而拒不恢复履行的，不安抗辩权人承担违约责任

知识拓展

不安抗辩权的行使

不安抗辩权的行使分为两个阶段：

第一阶段为中止履行。应当先履行债务的当事人，有确切证据证明对方有下列情况之一的，可以中止履行：经营状况严重恶化；转移财产、抽逃资金，以逃避债务；丧失商业信用；有丧失或者可能丧失履行债务能力的其他情形。

第二阶段为解除合同。当事人依照上述规定中止履行的，应当及时通知对方。对方提供适当担保时，应当恢复履行。中止履行后，对方在合理期限内未恢复履行能力并且未提供适当担保的，中止履行的一方可以解除合同。

如小王请画家黄某为其画像，约定由小王先付1万元酬金。但合同生效后，黄某忽然中风卧床不起，极有可能无法为小王作画，所以小王可以行使不安抗辩权通知对方中止先行给付酬金。当黄某病情恶化已无可能继续作画时，可提出解除合同。

二、合同的保全

合同保全制度是为了防止因债务人的财产不当减少而危害债权人的债权权益时，允许债权人为保全其债权的实现而采取的法律措施。保全措施包括行使代位权和行使撤销权（图2-6）。

| 合同的保全 | 代位权 | 因债务人怠于行使其到期债权，对债权人造成损害的，债权人可以向人民法院请求以自己的名义代位行使债务人的债权 |
| | 撤销权 | 债务人实施了减少财产行为，危及债权人债权实现时，债权人为保障自己的债权请求人民法院撤销债务人处分行为的权利 |

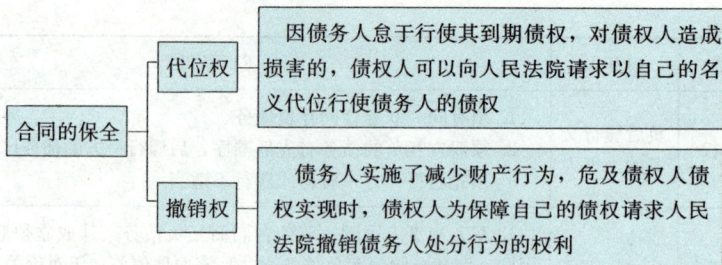

图 2-6 合同的保全

（一）代位权

1. 代位权的特点

（1）代位权是债权人代替债务人向债务人的债务人主张权利，因此债权人的债权对第三人产生了拘束力。

（2）代位权是债权人以自己的名义行使债务人的权利。

（3）代位权的行使必须在法院提起诉讼，请求法院允许债权人行使代位权。

2. 代位权的成立要件

（1）债权人对债务人的债权合法，且债务人对第三人享有债权。

（2）债务人怠于行使其到期债权，对债权人造成损害。

（3）债务人的债权已到期而债务人未予履行。

（4）债务人的债权不是专属于债务人自身的债权。专属于债务人自身的债权，是指基于抚养关系、赡养关系、继承关系产生的给付请求权合同和劳动报酬、养老金、退休金、抚恤金、安置费、人寿保险、人身伤害赔偿请求权等权利。

代位权的行使范围以债权人的债权为限，超过这一范围的，代位权人无权行使。债权人行使代位权的必要费用，由债务人承担。

代位权行使的目的是为了实现债务人怠于行使的债权。在行使代位权过程中，债权人代替债务人行使权利所获得的一切利益均应归属于债务人，债权人不得请求次债务人直接向自己履行义务。

（二）撤销权

撤销权的行使条件

（1）债权人对债务人存在有效债权。债权人对债务人的债权可以到期，也可以不到期。

（2）债务人实施了减少财产的处分行为。如放弃到期债权、无偿转让财产、已明显不合理的低价转让财产等。

（3）债务人的行为须于债权成立后发生。也就是说，在债权成立之前已经发生的上述行为，债权人不得请求撤销。

（4）债务人的处分行为有害于债权人债权的实现。如王某欠李某 30 万元到期债务未还，却将其可以用于还债的一栋住房无偿赠与其亲戚，致使其无法还债，影响了李某债权的实现。

（5）债权人须以自己的名义行使撤销权，以债权人的债权为限。

（6）债权人须在法定除斥期间内行使。撤销权自债权人知道或者应当知道撤销事由之日起 1 年内行使。自债务人的行为发生之日起 5 年内没有行使撤销权的，该撤销权消灭。上述规定中的 5 年期间为除斥期间，不适用诉讼时效中止、中断或者延长的规定。

一旦人民法院确认债权人的撤销权成立，债务人的处分行为即归于无效。债务人的处分行为无效的法律后果则是双方返还，即受益人应当返还从债务人获得的财产。因此撤销权行使的目的是恢复债务人的责任财产，债权人就撤销权行使的结果并无优先受偿权利。债权人行使撤销权的必要费用由债务人承担。

■ 案 例 解 惑

李某的做法是合法的。李某享有先履行抗辩权。《合同法》第六十七条规定："当事人互负债务，有先后履行顺序，先履行一方未履行的，后履行一方有权拒绝其履行要求。先履行一方履行债务不符合约定的，后履行一方有权拒绝其相应的履行要求。"在本案例中，瓜农李某与某蔬菜批发公司合同中约定了先付款后交货，其合同义务存在先后顺序，所以在蔬菜批发公司在合同义务履行期限届满仍未付款之前，瓜农李某可拒绝其先行交货的要求。

■ 能 力 转 化

● 案例分析

王某为设立一个蔬菜经济合作社急需一笔资金，遂向同村张某借款 5 万元。双方签订了书面借据，约定借款期为 1 年，期满后连本带息还款 6 万元。后王某设立合作社一事未成，就把这笔资金用于倒卖服装，结果被工商部门查获收缴并处罚款 1 万元。还款期到期，王某无力清偿张某的欠账。张某三次催要都被王某以无钱偿还推脱。后张某偶然听说王某曾在两年前借给其好友李某 7 万元，借期为两年，现已到期。得知这一消息，张某要求王某收回该笔借款用于偿还自己的债务，遭到王某的拒绝。张某无奈之下向法院起诉，要求王某将借给李某的 7 万元收回用于还给自己。

◆ 张某能否向李某行使债权？

项目四　农业经济合同的终止

学习目标

知识目标　了解农业经济合同终止的原因。

技能目标　学会在合同提前终止时保护自身权益。

情感目标　培养诚信履行合同的意识。

模块一　农业经济合同的解除

案例导入

> 　　某食品加工厂与某村村委会于某年 12 月 30 日签订了一份厂房租赁合同。合同规定食品厂租用该村位于村边的一处厂房，租赁期为 10 年，租金必须按年在年初付清，逾期未付，承租人承担滞纳金；超过 3 个月仍不付清租金的，出租方有权解除合同。次年食品厂 2 月 1 日入驻该厂房，未付租金。该村村委会两次书面通知食品加工厂按约付租金，并言明逾期将依约解除合同。食品厂仍未付。同年 6 月 10 日，该村村委会单方通知解除与食品加工厂的合同，并向法院提起诉讼，要求食品加工厂赔偿其损失 20 000元。
>
> ◆ 该村村委会是否有权解除合同？
>
> ◆ 该村村委会的损失应由谁承担？

一、合同的终止

　　合同的终止，又称合同的消灭，是指合同关系在客观上不复存在，合同权利和合同义务归于消灭。

1. 合同终止的原因

《合同法》规定有下列情形之一的，合同的权利义务终止：

（1）债务已经按照约定履行；

（2）合同解除；

（3）债务相互抵销；

（4）债务人依法将标的物提存；

（5）债权人免除债务（债权人免除债务人部分或全部债务的，合同部分或全部终止）；

（6）债权债务同归于一人（但涉及第三人利益的除外）；

（7）法律规定或当事人约定终止的其他情形。

2. 合同终止的效力

合同终止后，便失去了法律上的效力。除法律另有规定外，原债权人不得主张合同债权，债务人也不再负合同义务，债权债务关系归于消灭。

合同权利义务终止后，当事人应当遵循诚实信用的原则，根据交易习惯，履行通知、协助、保密等义务。通知，是指当事人在有条件的情况下应当将合同终止的有关事宜告诉合同对方当事人。协助，是指当事人一方配合另一方作好善后工作。保密，是指当事人在合同终止后对于了解到的对方当事人的秘密不向外泄露。

应当注意的是，合同权利义务的终止，不影响合同中结算和清算条款的效力。合同中结算和清算都不因合同的终止而影响其效力。

二、合同的解除

合同的解除是合同的提前终止，分为协议解除与法定解除两种情况。

1. 协议解除

协议解除是根据当事人事先约定的情况或经当事人协商一致而解除合同。当事人有订立合同的自由，也有解除合同的自由。其中协商解除是以一个新的合同解除旧的合同。而约定解除则是一种单方解除。即双方在订立合同时，约定了合同当事人一方解除合同的条件。一旦该条件成就，解除权人就可以通过行使解除权而终止合同。法律规定或者当事人约定了解除权行使期限的，期限届满当事人不行使的，该权利消灭。法律没有规定或者当事人没有约定解除权行使期限，经对方催告后在合理期限内不行使的，该权利消灭。合同订立后，经当事人协商一致，也可以解除合同。

2. 法定解除

法定解除是根据法律规定而解除合同。《合同法》规定，有下列情形之一的，当事人可以解除合同：

（1）因不可抗力致使不能实现合同目的。如签订合同后因发生地震导致无法生产因而无法交货的。

（2）在履行期限届满之前，当事人一方明确表示或者以自己的行为表明不履行主要债务。

（3）当事人一方迟延履行主要债务，经催告后在合理期限内仍未履行。

（4）当事人一方迟延履行债务或者有其他违约行为致使不能实现合同

目的。

（5）法律规定的其他情形。

当事人一方行使解除权，或依照《合同法》规定主张解除合同的，应当通知对方。合同自通知到达对方时解除。对方有异议的，可以请求人民法院或者仲裁机构确认解除合同的效力。当事人解除合同，法律、行政法规规定应当办理批准、登记等手续的，应依照其规定办理。

合同解除后，尚未履行的，终止履行；已经履行的，根据履行情况和合同性质，当事人可以要求恢复原状、采取其他补救措施，并有权要求赔偿损失。

▓▓ ▪ 案例解惑

1. **该村村委会有权解除合同。**《合同法》第九十三条规定，当事人协商一致，可以解除合同。当事人可以约定一方解除合同的条件，解除合同的条件成就时，解除权人可以解除合同。本案中双方当事人在合同中约定，租金必须按年付清，逾期未付，承租人承担滞纳金，超过 3 个月仍不付清租金的，出租方有权解除合同。该食品加工厂 2 月 1 日入驻后，未付租金，该村村委会两次通知其给付租金，并言明逾期将依约解除合同，食品加工厂仍未付，至 6 月 10 日长达 4 个月的时间，合同约定的解除条件已成就，故该村村委会有权单方解除合同。根据《合同法》第九十六条规定，当事人一方依照本法第九十三条第二款、第九十四条的规定主张解除合同的，应当通知对方。该村村委会通知食品加工厂解除合同的做法也是合法的。

2. **该村村委会的损失应由食品加工厂承担赔偿责任。**《合同法》第九十七条规定，合同解除后，尚未履行的，终止履行；已经履行的，根据履行情况和合同性质，当事人可以要求恢复原状，采取其他补救措施，并有权要求赔偿损失。据此，该村村委会有权要求食品加工厂赔偿损失。食品加工厂应承担该村村委会损失的赔偿责任。

模块二　农业经济合同终止的其他情形

▓▓ ▪ 案例导入

> 养鸡户王某与乙供销社签订一份鸡蛋买卖合同，约定王某于 2014 年 5 月 30 日向乙供销社提供鸡蛋 100 千克，总价款是 800 元，乙供销社当

场支付了货款。在 2014 年 5 月 30 日，王某将鸡蛋运至乙供销社时，乙供销社以市场疲软为由，拒绝受领鸡蛋，并要求王某返还货款。王某无奈，只得将鸡蛋提存，因鸡蛋天热易变质，所以王某将鸡蛋变卖后将钱交给提存机构提存。

◆ 王某的做法合法吗？

一、债务相互抵销

债务抵销是指合同当事人互负债务时，各以其债权充当债务的清偿而使其债务与对方的债务在同等数额内互相抵销。

1. 抵销的类型

债务的相互抵销包括两种情况，一是约定抵销，即当事人互负债务，标的物种类、品质不相同的，经双方协商一致，可以抵销。二是法定抵销，即当事人互负到期债务，该债务的标的物种类、品质相同的，任何一方可以将自己的债务与对方的债务抵销，但依照法律规定或按照合同性质不得抵销的除外，如与人身不可分离的抚养费、退休金等债务。

2. 抵销的效力

抵销使双方债权按照抵销数额而消灭。一方的债权额大于对方的债权额时，前者仅消灭一部分债权额，后者则全部消灭。

二、债务人依法将标的物提存

提存指由于债权人的原因而无法向其交付合同标的物时，债务人将该标的物交给提存机关而消灭债务的行为。提存机关是由国家专门设立接受提存物进行保管，并应债务人请求将提存物发还债权人的机构。提存机关应是提存的主体。我国司法部自行制定的《提存公证规则》规定公证处是提存公证的办理机构。

1. 提存的原因

一般来说，有下列情形之一，难以履行债务的，债务人可以将标的物提存：

（1）债权人无正当理由拒绝受领。

（2）债权人下落不明。

（3）债权人死亡或者丧失行为能力而未确定继承人或者监护人。

（4）法律规定的其他情形。

标的物不适于提存或者提存费用过高的，债务人依法可以拍卖或者变卖标的物，提存所得的价款。

标的物提存后，除债权人下落不明的以外，债务人应当及时通知债权人或者债权人的继承人、监护人。

2. 提存必须符合的条件

《提存公证规则》对提存进行了较为详细的规定。具体而言，提存必须符合下列条件：

（1）提存人有提存能力，且意思表示真实。

（2）提存之债真实、合法。真实、合法的债权债务关系的存在是提存的前提；不存在债的关系，就不产生提存问题。

（3）存在提存的原因，存在适宜提存的标的物。

（4）提存标的与债的标的相符。提存仍然属于履行债务，因而提存的标的必须与债的标的相符，否则就是违约，而不构成提存。

3. 标的物的风险承担、孳息的归属、费用负担

标的物提存后，毁损、灭失的风险由债权人承担。提存期间，标的物的孳息归债权人所有，提存费用由债权人负担。

4. 提存的效力

债务人将标的物向提存机关提存后，不论债权人是否领取标的物，均发生合同权利义务关系终止的效力。

债权人可以随时领取标的物，但债权人对债务人负有到期债务的，在债权人未履行债务或提供担保之前，提存部门根据债务人的要求应当拒绝其领取提存物。

债权人领取提存物的权利自提存之日起5年内不行使而消灭，提存物扣除提存费用后归国家所有。

此外，合同终止的原因还有其他如合同义务的免除、合同的混同等。

■ 案 例 解 惑

王某的做法是合法的。我国《合同法》第一百零一条规定，在一定条件下，出现由于一方当事人的原因致使另一方当事人不能履行合同时，另一方当事人可以将货物提存，以达到履行义务的目的。所谓提存，是指因债权人的原因导致债务人不能履行合同，债务人将合同标的物交付给提存机关，从而视为债务人已经履行并消灭合同关系的法律制度。本案中，乙供销社的拒绝受领理由不是法律所规定的例外情形，王某可以将货物提存，视为其已履行了合同义务。当然鸡蛋变卖后的价款所有权仍然属于乙供销社，并且王某有通知乙供销社标的物提存的义务。

能 力 转 化

● 案例分析

果农李某与果品批发市场签订了一份橘子购销合同。不料在橘子将熟时，突发虫灾致使橘子大幅减产，几乎绝收。李某立即通知了果品批发市场，要求解除合同，但批发市场不同意。

◆ 该合同能否解除？

项目五　农业经济合同的违约责任

学 习 目 标

知识目标　了解农业经济合同构成违约的原因和承担违约责任的形式。

技能目标　掌握运用合同中的违约责任条款。

情感目标　培养风险防范法律意识。

模 块 一　违 约 责 任 构 成

案 例 导 入

甲企业在某杂志登广告，称本厂有自动控温油炸锅一台，价格优惠、欲购从速。乙食品厂副厂长刘某看到该广告后即到甲企业进行考察，认为该设备较为先进，价格较为合理，经与本厂厂长电话协商，拟购买该设备，并用自己随身携带并加盖本厂公章的空白合同填写了相关内容，交给甲企业负责人。合同内容为：甲企业供给乙厂自动控温油炸锅一台，价格2万元，质量以说明书内容为准，乙厂在合同成立之日起，交付甲企业2 000元定金，合同生效10天内，甲企业送货上门，付款期限为货到付50%，验收合格后余款付清。

◆ 甲企业送货有困难，特委托某汽车运输公司代为送货，送货途中发生事故，一个多月之后，货才到乙厂。若乙厂要求甲企业承担违约责任，有无法律依据？

◆ 货到后经验收乙厂发现该设备存在一定的质量问题，但是经维修还可使用。现乙厂要求退货并解除与甲企业的合同，有无法律依据？

一、农业经济合同违约责任的构成

违约责任即违反合同的责任，是指合同当事人不履行合同义务或者履行合同义务不符合约定而应承担的法律责任。

违约责任以合同有效成立为前提，若合同不成立、不生效、无效、被撤销，纵使当事人有过失，对方有损失，也不发生违约责任，应为缔约责任。

构成违约责任必须同时具备以下四个条件（图 2-7）：

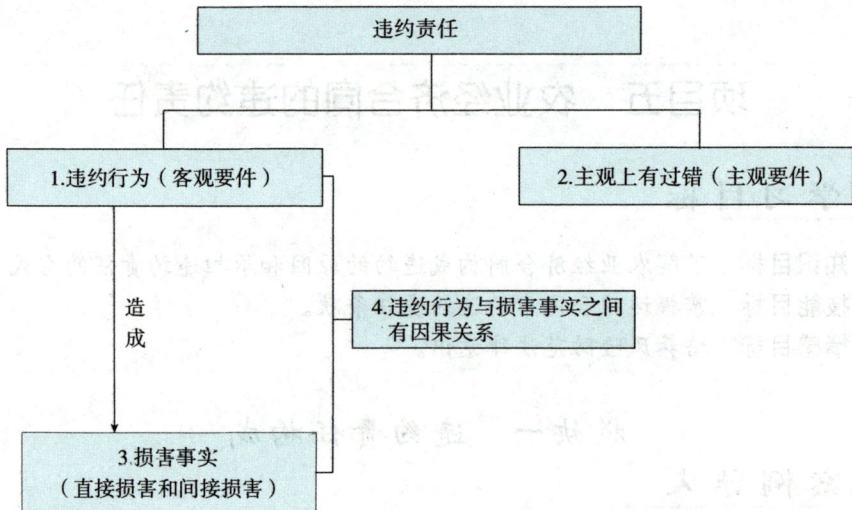

图 2-7　违约责任的构成

二、违约责任的归责原则

归责原则，是确定没有履行合同义务的当事人是否应当承担违约责任的规则，有过错责任原则和无过错责任原则。

1. 过错责任原则

当事人有过错就承担责任，没有过错则不承担责任。

2. 无过错责任原则

当事人只要违约就应当承担责任，而不必首先去考证他是否有过错，除非他能够举证有法定的免责事由。

知识拓展

无过错责任的免除

在经济实务中对合同违约责任的判定原则上采用无过错责任原则，在一些特定情况下采用过错责任原则。首先，当事人不履行合同义务的，即应当承担违约责任，原则上不考虑其是否有过错。这有利于促使当事人认真履行合同义务，有利于保护守约方的利益。其次，并不是说当事人对一切不履行合同的行为都要承担责任。有法定或约定的免责事由的，可免于承担全部或部分责任。如：

（1）在一般情况下，因不可抗力不能履行合同的，可以根据不可抗力的影响，部分或者全部免除责任，但法律另有规定的不在此限。如在客运合同中，承运人对因不可抗力造成旅客人身伤害的要承担责任。再如当事人迟延履行后发生不可抗力的，不能免除责任。

（2）因货物本身的自然属性造成变质、损坏的，承运人或保管人不承担责任。

（3）当事人可以在合同中约定免责事由，但造成人身伤害或因故意或重大过失造成财产损害的，不能免责。

三、双方都违约时违约责任的确定

双方都违约称为"共同违约"，指合同双方当事人都有违反合同规定的行为，而不是指一方当事人单方面违约。双方违约时，一般情况下根据各自过错大小按比例承担违约责任，不适用过失相抵原则。一般按照下列方法划分双方违约的各自责任：

（1）如果能确定双方各自过错的大小，则按各自的过错大小承担责任，即过错大的一方当事人承担主要的违约责任，过错小的另一方当事人承担次要的违约责任。

（2）双方过错相当，或者不能确定双方过错大小的，双方平均分担违约责任。

双方违约时，判定违约责任大小的因素见图2-8。

如果双方违约都是由于不可抗力或者其他免责原因所致，那么，可根据情况部分或者全部免除双方的违约责任。

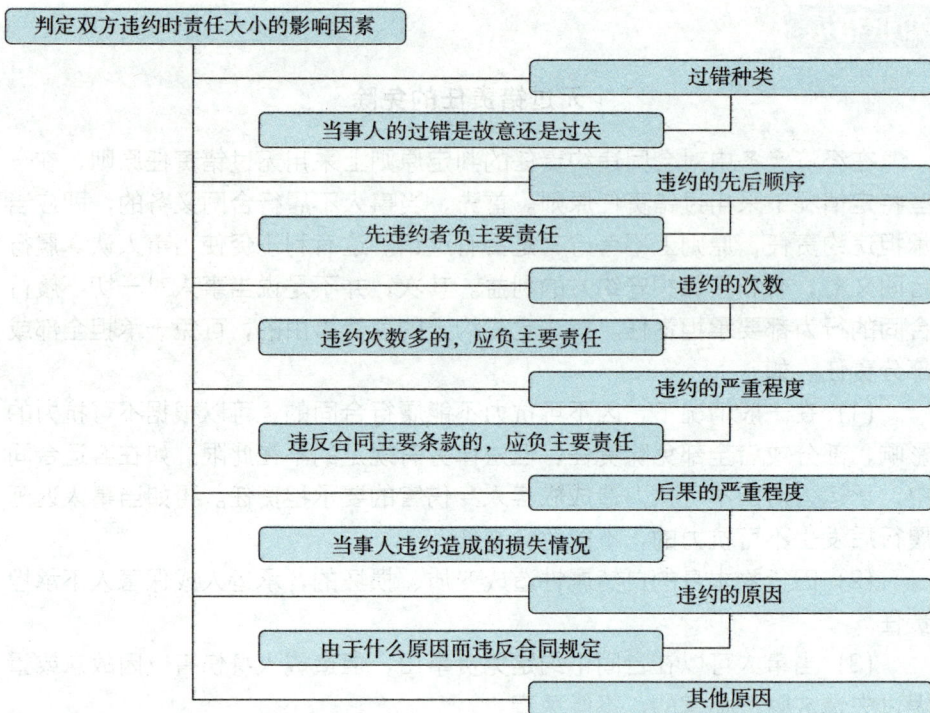

图 2-8 双方违约时判定违约责任大小的影响因素

■ 案例解惑

1. 有。甲乙之间的合同约定 10 天内甲企业送货上门，但是甲企业到期没有履行送货的义务，构成违约。我国合同法的违约实行无过错责任原则。

2. 没有。虽然甲的设备存在问题，但是经维修还可以使用，这并不影响合同目的的实现。因此，乙厂无权解除合同。但是乙厂可以要求甲企业承担违约责任，赔偿损失。

模块二 承担违约责任的方式

■ 案例导入

2012 年秋，某镇政府的代表人与某农技站的负责人，共同到某蔬菜种子站购买了国标三级章丘大葱种子 2 475 千克。次日，农技站将该种子转卖给了镇政府 2 463.5 千克，镇政府卖给了本镇 5 448 户农户。 农户发现

葱苗分葱现象严重，诉诸法院，要求镇政府、农技站赔偿其经济损失 127
万元，其中种子价款损失 29 万元，按当年大葱市场价和大葱平均产量计
算，种植大葱的预期利润损失 98 万元。法院受理后，委托检测机构对封
存的葱种样本进行鉴定，鉴定结论为：本品种 7%，异品种 93%，送检样
本不是章丘大葱。

◆ 本案谁应对农户承担违约责任？为什么？
◆ 本案违约损害赔偿的范围是什么？为什么？

一、违约责任的具体形态

根据我国《合同法》的规定，我国违约责任的形态具体包括以下几个方面
（表 2-9）：

表 2-9　违约责任的形态

违约类型	具体形态	表现形式
预期违约	明示违约	指一方当事人无正当理由，明确地向对方表示将在履行期届至时不履行合同。其要件为： 1. 一方当事人明确肯定地向对方作出毁约的表示； 2. 须表明将不履行合同的主要义务； 3. 无正当理由
	默示违约	在履行期到来之前，一方以自己的行为表明其将在履行期届至后不履行合同 　其特点为：债务人虽然没有表示不履行合同，但其行为表明将不履行合同或不能履行合同
实际违约	不履行	指合同当事人不履行合同规定的债务，致使合同没有得到履行。限于完全不履行（即毁约）或者拒绝履行
	不完全履行	指当事人只履行合同约定的部分债务，而其余部分则不予履行
	不适当履行	合同当事人虽然履行了合同义务，但其履行不符合合同规定的条件。不适当履行主要包括： 1. 标的质量有瑕疵； 2. 履行方法不适当，如本应一次履行却分期履行，本应选择最近的运输路线却确定了较远的运输路线等； 3. 履行地点不适当，即本应在合同规定的地点交付而在其他地点交付； 4. 其他不适当履行
	延期履行	当事人在合同规定的履行期限届满后仍未履行合同义务或者履行合同的时间超越了合同规定的期限
	提前履行	当事人在合同规定的履行期限到来之前就履行了合同

（一）预期违约

当事人一方明确表示或者以自己的行为表明不履行合同义务的，对方可以在履行期满之前要求其承担违约责任。

（二）实际违约

即实际发生的违约行为。

二、违约责任的承担方式

违约责任的承担方式是合同各方在合同中约定或者补充约定的当事人出现违约行为时应当采取的补救措施。违约责任也不是一定不变的，合同各方在违约以后，可以再行约定采取合适的补救措施。

违约责任的承担方式见图 2-9。

1. 继续履行

继续履行指合同义务没有履行或者履行不符合约定的，守约方可以要求违约方按照合同约定继续履行，直至达到合同目的。我国《合同法》规定：当事人一方不履行金钱债务或者履行非金钱债务不符合约定的，对方可以要求履行。这种情况多适用于标的物是特定的必须履行的、不得替代履行的情况。

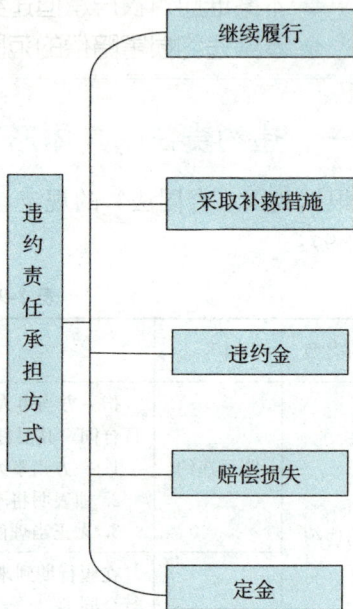

图 2-9　违约责任的承担方式

但下列情况下，不得要求继续履行：①法律上或者事实上不能履行；②债务的标的不适于强制履行或者履行费用过高；③债权人在合理期限内未要求履行。

2. 采取补救措施

当事人履行合同，因质量不符合约定的，应当按照当事人的约定承担违约责任。如交付的产品质量不符合约定的，受损害方根据标的的性质以及损失的大小，可以合理选择要求对方承担修理、更换、重做、退货、减少价款或者报酬等违约责任。

3. 违约金

违约金指合同各方在合同中约定的一方或各方违约时，违约方要支付给守约方一定数额的货币，以弥补守约方损失同时兼有惩罚违约行为作用的违约责任方式。当事人可以约定一方违约时应当根据违约情况向对方支付一定数额的违约金，也可以约定因违约产生的损害赔偿的计算方法。约定的违约金低于造成的损失的，当事人可以请求人民法院或者仲裁机构予以增加；约定的违约金过分高于造成的损失的，当事人可以请求人民法院或者仲裁机构予以适当减少。承担违约责任后，是否还要继续履行或采取补救措施，可由合同各方协商确定。但是，当事人就迟延履行约定违约金的，违约方支付违约金后，还应当履行债务。

4. 赔偿损失

赔偿损失指合同各方在合同中约定的，一方因违约给对方造成实际损害的，按实际损害数额给予赔偿的责任承担方式。赔偿损失是承担违约责任最常见的方式，可以单独适用，也可以和其他几种违约责任形式合并适用。当事人在履行义务或者采取补救措施后，对方还有其他损失的，应当赔偿损失。损失赔偿额应当相当于因违约所造成的损失，包括合同履行后可以获得的利益，但不得超过违反合同一方订立合同时预见到或者应该预见到的因违反合同可能造成的损失。

需要注意的是，当事人一方违约后，对方应当采取适当措施防止损失的扩大；没有采取适当措施致使损失扩大的，不得就扩大的损失要求赔偿。当事人因防止损失扩大而支出的合理费用，由违约方承担。

赔偿损失的属性是补偿，弥补非违约人所遭受的损失。这种属性决定赔偿损失的适用前提是违约行为造成财产等损失的后果，如果违约行为未给非违约人造成损失，则不能用赔偿损失的方式追究违约人的民事责任。

5. 定金

定金是当事人为了保证合同的履行，依法或依当事人的约定，由当事人一方在合同订立的前后，按照合同标的额的一定比例，预先给付对方当事人的金钱。定金的数额依法最高不得超过合同标的额的20%。给付定金的当事人履行合同后，定金应当抵作价款或者收回。给付定金的一方不履行合同约定的债务的，无权要求返还定金；收受定金的一方不履行合同的，应当双倍返还定金。

如果当事人既约定了违约金，又约定了定金的，一方违约时，对方可以选择适用违约金或者定金条款，两者不能并用，只能选择其一。如果违约金不足以弥补损失的，可以要求增加；定金不足以弥补损失的，可以要求赔偿损失。

上述违约责任可以选择单独适用，也可以几种方式同时适用，但宗旨是以合同目的达到为准,而且需经合同各方一致同意,实际操作以便捷、有效为宜。

知识拓展

违约金、定金和订金、押金的区别

违约金	定金	订金	押金
违约惩罚，违约后支付	担保罚则，履约前支付	预付款，履约前支付	质押担保，履约前支付
由违约方支付	给付方违约不返还	给付方的履约保证	违约时债权人可以押金受偿
根据实际损失可增加或减少	收受方违约双倍返还	收受方违约退回订金即可	履约后可作为价款或收回
法律规定或双方约定数额	最多不超过合同金额的20%	法律对订金金额未做规定	押金可高于或低于合同金额
不能与定金同时运用	不能与违约金同时运用		

案例解惑

1. 镇政府应对农户承担违约责任。就本案而言，镇政府与农户之间形成了种子购销合同关系，合同有效而且镇政府在履行合同中出现了不适当履行，具备了构成违约的要件：一是行为上未向农户提供合同约定的三级章丘大葱种子，使农户预期的收益未能实现；二是未检验种子真伪，本身有过错；三是给农户造成了巨大损失；四是农户的损失正是由于镇政府出售假种子引起的。这四个条件同时也符合赔偿损失的违约责任的构成要件，所以，镇政府应对农户承担违约责任，赔偿农户的损失。在镇政府赔偿后，可向农技站、蔬菜种子公司进行追偿，但那是另一个合同的问题。

2. 本案中镇政府应赔偿农户的损失，根据《中华人民共和国种子法》规定，种子使用者因种子质量问题遭受损失的，出售种子的经营者无论是否有过错，均应承担赔偿损失的民事责任，适用无过错归则原则。种子质量违约损害赔偿范围包括购种价款、有关费用（为实现种子自身价值必须付出的费用即生产成本）和可得利益损失（属种子自身价值的损失即产值损失）。案例中，农户的购种价款和生产成本约29万元，预期收益98万元，合计127万元。

模块三 违约责任的免除

■ 案例导入

> 某公司在四川收购一批干辣椒，准备出口，价值5万元。后与当地某储运公司签订了保管合同，约定将这批干辣椒在储运公司仓库存放一周，一周后派车来运。第五天夜里，储运公司仓库因雷击起火，致使装在麻袋里的辣椒被火烧掉一半，储运公司派人将剩下一半没烧掉的辣椒清理出来，随便堆放在露天就回去休息了。半夜忽然下起了暴雨，装辣椒的麻袋经过火灾后很不结实，有的干脆散放在地上，经暴雨一冲，且在雨水中浸泡了7个多小时，第二天该储运公司工作人员上班时，干辣椒已面目全非，根本不能食用了。储运公司见此情景，遂以发生火灾为由发电报给某公司，要求某公司来人处理。某公司来人了解情况后，要求储运公司赔偿损失，储运公司以不可抗力为由拒绝赔偿。于是某公司诉诸法院，请求法院依法裁决。
>
> ◆ 案例中的雷击起火和暴雨是否属于不可抗力？
> ◆ 该储运公司应承担什么责任？

在违约责任的归责问题上虽然采取严格责任原则，但并不意味着违约方在任何情况下均须对其违约行为负责。在法律规定有免责条件或当事人以约定排除或限制其未来责任的情况下，违约方也可能不承担违约责任或只承担部分违约责任。

《合同法》规定的免责事由，主要有三种：不可抗力、合理损耗和债权人的过错。

一、不可抗力

我国《合同法》规定，因不可抗力原因致使合同不能履行或不能完全履行的，应当全部或部分免除违约责任。所谓不可抗力是指订立合同时不能预见、对其发生和后果不能避免并不能克服的客观情况。具体包括以下情形：

1. 自然灾害

这类不可抗力事件是由自然原因引起的，如旱灾、地震、水灾、火灾、风灾等。

2. 政府行为

指当事人订立合同后，因政府颁发新的政策、法律和行政法规导致合同不能履行的情形，同时包括战争行为。

3. 社会异常事件

如罢工、骚乱等。根据《合同法》第一百一十七条的规定，因不可抗力不能履行合同的，除法律另有规定外，根据不可抗力的影响部分或全部免除责任。当事人一方因不可抗力不能履行合同的，应当及时通知对方，以减轻可能给对方造成的损失，并应当在合理期限内提供证明。

二、合理损耗

《合同法》第三百一十一条规定，承运人能证明运输过程中货物的毁损、灭失是货物本身的自然性质或合理损耗造成的，不承担损害赔偿责任，这一免责事由意在平衡承运人与货主间的利益关系，由货主负担货物本身的自然性质、货物合理损耗所导致的损失。

三、债权人的过错

债权人的过错致使债务人不履行合同，债务人不负违约责任，如《合同法》第三百一十一条规定，由于托运人、收货人的过错造成运输过程中的货物毁损、灭失的，承运人不负损害赔偿责任。

当事人可以在合同中约定免责条款，但合同中的下列免责条款无效：
（1）造成对方人身伤害的；
（2）因故意或者重大过失造成对方财产损失的。

■ 案例解惑

1. 不属于。根据《合同法》规定，不可抗力是指不能预见、不能避免并不能克服的客观事件。在夏季多雨季节，雷击事件和随后的暴雨应都是可以预见的，并且通过加装避雷针和防雨措施都是可以避免损失事件发生的。

2. 该储运公司要负全责，赔偿全部损失。保管合同的目的是为寄存人保管保管物，即维持保管物的现状并予以返还。因此保管人为返还保管物并实现合同目的，应当妥善保管保管物，这是保管人应负的主要义务之一。虽然储运公司以不可抗力为由对抗，不可抗力属于合同的免责事由。但夏天多雨季节在仓库安装避雷针本可避免雷击起火事件，所以该批货物因起火烧掉的损失是由于储运公司疏忽，没有尽到相应的责任，没有把货物储存在足够安全的仓库内（没有避雷设施的仓库）造成的。而在起火后，储运公司虽然立即进行了抢救，但随后将抢救出的货物随意堆放在露天，在明知有极大可能下雨的情况下未加以任何保护，属于未妥善保管，所以也要对这部分损失承担赔偿责任。

能 力 转 化

● 案例分析

　　某果品公司与兴隆葡萄专业合作社签订了订购 5 吨葡萄的合同。合同约定：标的质量必须保证为 98% 完好无损，交货时间是 2013 年 9 月 7 日，交货方式由果品公司派车来取，单价为 5 元/千克，违约金按总价款的 8% 计算。9 月 7 日上午，兴隆葡萄专业合作社把 5 吨葡萄从冷库中提出，等待果品公司提货，可同日下午接到对方来电要求延迟 5 天取货。兴隆合作社考虑到葡萄已经从冷库提出，如再运回费工费时，故不同意对方要求，并在 2 小时内回电拒绝。可果品公司对此置之不理，依然 5 天后才派车提货。这 5 天中葡萄经露天暴晒，25% 有不同程度腐烂。9 月 12 日，果品公司提货时发现这批葡萄已不符合同规定，故要求销价处理，否则不提货。而兴隆合作社认为葡萄变质是由于对方逾期提货引起的，不能销价处理，对方应尽快提货。双方发生纠纷，兴隆合作社向法院提起诉讼。

◆ 果品公司是否违约？为什么？
◆ 葡萄变质造成的损失应由谁承担？

项目六　农业经济合同范本

学 习 目 标

　　知识目标　了解典型农业经济合同的主要条款。
　　技能目标　熟练应用各种农业经济合同样本格式。
　　情感目标　培养依法签订合同的意识。

模块一　农产品购销合同样本

　　合同编号：＿＿＿＿＿＿＿＿＿＿＿

　　订购人（甲方）：＿＿＿＿＿＿＿＿＿

　　出卖人（乙方）：＿＿＿＿＿＿＿＿＿

　　签订地点：＿＿＿＿＿＿＿＿＿

　　签订时间：＿＿＿＿年＿＿＿＿月＿＿＿＿日

　　根据《中华人民共和国合同法》及其他有关法律、法规规定，经甲、乙双方协商一致，订立本合同。

第一条 品种、等级、质量及包装

名　称　　　　品　种　　　　等　级　　　　质　量　　　　包　装

产品的品种、等级、质量按照双方协商确定，或按照样品标准确定（样品由双方妥善保管，甲方验收）。

产品包装由双方协商包装办法。

第二条 标的的交付日期、数量及价格

1. 乙方在＿＿＿＿＿＿年＿＿＿＿＿＿月以前，向甲方交付＿＿＿＿＿＿千克。

2. 产品最低价格（保护价）＿＿＿＿＿＿元/千克，市场行情上涨时，由甲方按照市场价格进行收购。

3. 甲、乙双方的任何一方如需提前或延期交货与提货，均应事先通知对方，双方另行达成新的协议；如未能达成新的协议，双方应按本合同继续履行。

第三条 交货方式、验收、结算方式

1. 产品由乙方送货到＿＿＿＿＿＿＿收购点或甲方上门收购，双方当面验收。

2. 货款由甲方支付给乙方，现金当场结算，钱货两清。甲方不得欠款或代扣各种税费。

第四条 不可抗力

1. 甲、乙双方的任何一方由于不可抗力的原因不能履行或不能完全履行合同时，应尽快向对方通报理由，在提供相应证明后，可根据情况部分或全部免予承担违约责任，乙方如果由于不可抗力造成产品质量不符合约定的，不承担违约责任。

2. 产品因气候影响早熟或晚熟的，交货日期经双方协商，可适当提前或推迟。

第五条 违约责任

1. 甲方在合同履行中退货的，应偿付乙方退货部分货款总值＿＿＿＿＿＿（5％～25％）的违约金。

2. 甲方无故拒收产品，应向乙方偿付拒收货物总值＿＿＿＿＿＿（5％～25％）的违约金。

3. 甲方未按合同约定收购产品的，应按少收部分总值的＿＿＿＿＿＿（5％～25％）支付违约金。

4. 乙方交货数量少于合同规定的，应按少交部分总值的＿＿＿＿＿＿（1％～20％）支付违约金。

5. 乙方交付产品掺杂使假、以次充好的，甲方有权拒收，乙方应向甲方支付＿＿＿＿＿＿（5％～25％）的违约金。

6. 乙方的包装不符合双方约定的，甲方有权要求乙方重新包装，损失由乙方承担。

第六条　合同的变更与解除

甲、乙双方中任何一方要求变更或解除合同时，应及时书面通知对方，双方未达成协议前，合同继续有效。双方达成变更合同或解除合同的，应签署书面协议。

第七条　合同争议的解决方式

合同在履行过程中发生的争议，由双方当事人协商解决，也可向当地工商行政管理部门申请调解；协商或调解不成的，按下列第_____种方式解决：

1. 提交_____仲裁委员会仲裁；

2. 依法向人民法院起诉。

第八条　本合同_____生效。

第九条　其他约定事项：_____。

第十条　本合同一式三份，双方各执一份，工商行政管理部门备案一份。

订购人（甲方）签章：　　出卖人（乙方）签章：　　备案机关（公章）：

负责人：　　　　　　　　负责人：

居民身份证号码：　　　　居民身份证号码：　　　　经办人：

住所：　　　　　　　　　住所：

联系电话：　　　　　　　联系电话：　　　　　　　年　月　日

模块二　农产品包销合同样本

甲方：_____

法定代表人：_____

住址：_____

邮编：_____

联系电话：_____

乙方：_____

法定代表人：_____

住址：_____

邮编：_____

联系电话：_____

本农产品包销合同由上列各方于_____年_____月_____日在_____订立（本合同适用于从甲方引种、受甲方技术指导的企事业单位和农户）。

鉴于乙方缺乏市场营销能力，甲方为保障乙方基本利益，双方经协商一致，达成农产品包销合同，合同如下：

第一条 甲方根据市场情况，每年初下达繁苗计划书，秋季验核，第二年秋季收苗。具体数量及收苗标准、价格、品种，在下达繁苗委托书时，双方另行签订协议。乙方自行繁苗，经甲方验收合格的，甲方可以议价选购。暂定最低保护价收购：_____元/株。

甲方每年召开一次繁苗招标会，由各引种单位参加，在平等竞争基础上，择优确定繁苗单位。

第二条 乙方如出现销售困难，可在每年 3 月以前，向甲方提出代销或包销请求。双方协议后，签订代销或包销合同（包括：品种、质量、数量、包装、交货期、交货地、价格、结算）。代销价，参照_____市场批发价下浮_____％；包销价，参照_____市场批发价下浮_____％。暂定最低保护价收购：每吨不少于_____元。

第三条 争议的解决

本合同各方当事人对本合同有关条款的解释或履行发生争议时，应通过友好协商的方式予以解决。如果经协商未达成书面协议，则任何一方当事人均有权向有管辖权的人民法院提起诉讼。

第四条 生效条件

本合同自双方的法定代表人或其授权代理人在本合同上签字并加盖公章之日起生效。各方应在合同正本上加盖骑缝章。

本合同一式_____份，具有相同法律效力。各方当事人各执_____份。

甲方（盖章）：   乙方（盖章）：

代表人（签字）：   代表人（签字）：

    年   月   日   年   月   日

签订地点：   签订地点：

模块三　农业技术服务合同样本

甲方：_____

乙方：_____

为了发展农村商品生产，提高_____生产的技术水平，提高经济效益，经甲乙双方充分协商，特签订本合同，以便双方共同遵守。

一、应甲方邀请，乙方到甲方居住地传授_____生产的技术，合同期限为_____年_____月，即从_____年_____月_____日起至

_____年_____月_____日止。

二、至合同期满，乙方保证甲方达到如下技术水平：

_____。

三、甲方负责提供乙方传授_____生产技术所必需的资金_____元，提供生产设备_____，保障_____原料的及时供应。甲方应严格服从乙方的技术指导。

四、在合同执行期间，甲方每月付给乙方报酬_____元，按月结算（或合同期届满统一结算）。乙方的食宿由甲方负责安排，费用由_____方负担。

五、合同期届满，如乙方的传授指导没有达到合同规定的技术要求，除退回甲方付给的报酬，赔偿甲方的一切损失外，还应向甲方偿付违约金_____元。如乙方中止执行合同，除应赔偿甲方的一切费用支出外，应向甲方偿付违约金_____元。如甲方不按合同规定的时间付给乙方报酬，迟付一日，应按迟付金额的_____％偿付给乙方违约金，如甲方中止执行合同，应付给乙方合同期内的全部报酬。

六、合同生效后，任何一方不得任意变更或解除合同，合同中如有未尽事宜，须经甲乙双方共同协商，作出补充规定，补充规定与本合同具有同等效力。

七、如遇人力不可抗拒的灾害造成合同无法履行时，由双方协商解决。

八、其他：_____。

本合同正本一式两份，甲乙双方各执一份。（如经过公证）_____各留存一份。

甲方（签章）：　　　　　　　　乙方（签章）：
　　年　　月　　日　　　　　　　年　　月　　日

单元三

农业经济核算和效益评价

项目一　农业经济核算和效益评价概述

学习目标

知识目标　掌握农业经济核算和效益评价的基本知识。

技能目标　初步掌握农业经济核算和效益评价的基本方法。

情感目标　培养对该模块的学习兴趣。

模块一　农业经济核算的基本概念

案例导入

> 某农户准备从事肉兔饲养行业，来到一饲养场进行考察学习。据饲养场介绍，以饲养100只母兔为例：
>
> **1. 投资分析**
>
> （1）兔舍投资：需要建1 000个笼位。每个笼位50元，需投资50 000元。
>
> （2）种兔投资：100只种母兔、10只种公兔，平均每只100元；后备母兔30只，后备公兔3只，平均每只50元，需投资12 650元。
>
> （3）周转金：饲料费每只母兔400元，需投资40 000元。
>
> **2. 成本分析**
>
> 饲养成本包括饲料成本、疫苗费、医药、卫生消毒、水电费、折旧费、人工费等，商品兔的平均饲养成本为31.6元，平均每只商品肉兔2.5千克，则每千克成本为12.64元。

3. 盈利分析

规模为 100 只种母兔、年出栏3 100只商品兔的肉兔场，纯收入为57 000元，因此大约 1 年零 7 个月可收回全部投资。

◆ 农业经济核算包括哪些方面的内容？

◆ 你有什么降低成本、提高经济效益的方法吗？

一、农业经济核算的概念

任何物质资料的生产，都会在消耗一定量的物化劳动和活劳动的同时，取得一定的生产成果。但消耗的物化劳动和活劳动的价值与获得的生产成果的价值相比，是否对生产者有利，就需要进行相应的经济核算与分析。

农业经济核算是对农业生产经营过程中的投入和产出及相应经营成果所做的记录、计算、对比、分析和评价。实行农业经济核算的目的是以较少的劳动消耗取得较大的生产成果。

二、农业经济核算的作用

农业经济核算的作用见表 3-1。

表 3-1　农业经济核算的作用

作　　用	含　　义
提供数据	实行农业经济核算，既可以为个人的农业生产建立相应的历史数据，为今后的生产提供依据；还可以为国家制订宏观农业经济政策、调整农业产业结构和农业产业区域布局提供依据
查明原因	实行农业经济核算，可以提供农业生产单位和整个社会的生产消耗情况和最终成果的数据，找出盈亏的原因
明确责任	实行农业经济核算，通过数据分析，找出盈亏的原因之后，有利于明确各个生产单位和生产环节的经济责任
降低成本	实行农业经济核算，有利于寻找厉行节约、降低成本的方法
提高效益	实行农业经济核算，有利于挖掘生产潜力，使有限的资源条件产生更大的效益作用

三、农业经济核算的内容

农业经济核算的内容一般包括农业资金核算、农业成本核算和农业盈利核算三个方面：

1. 农业资金核算

农业资金核算主要包括流动资金核算和固定资金核算。流动资金核算是指对在生产和流通中使用的周转资金的核算，包括储备资金、生产资金、成品资金、货币资金、结算资金等。固定资金核算是指对固定资产的核算，包括农业生产所需的房屋及建筑物、机器设备、运输工具、产畜、役畜、果树、林木等。实行资金核算主要是为了提高资金使用效率、加速资金周转速度。

2. 农业成本核算

农业成本核算是对农产品生产过程中所消耗的活劳动和生产资料成本的核算。实行成本核算是通过计算各种农产品的总成本和单位成本来反映农业生产经营过程中活劳动和物化劳动的消耗，分析农产品成本的构成，寻找降低农产品成本的途径。

3. 农业盈利核算

农业盈利核算包括绝对指标和相对指标两方面的核算，即利润额和利润率的核算。盈利是衡量农业生产经营成果的重要指标。通过盈利的核算，可以了解农业生产经营成果的大小，促使农业生产单位在合理的范围内，充分考虑投入与产出的关系，努力增加盈利总额、提高盈利比率。

四、农业经济核算的方法

农业经济核算的方法见表3-2。

表 3-2　农业经济核算的方法

方　　法	含　　义
会计核算	是用以货币为主要计量单位，运用专门的方法和程序对农业生产经营过程进行全面、连续、系统地确认、计量、记录、计算和报告
统计核算	是运用货币、实物和时间等量度指标，对农业生产单位的经济现象进行计算和分析，来反映企业和社会的经济活动
业务核算	是对农业生产单位和个别作业环节进行的核算分析。对一个农业生产单位而言，最为重要的是会计核算

三种方法在实际应用中各有侧重，而且相互依存，所以只有把三种方法结合起来，才能比较全面地反映农业生产单位的经营情况，更好地发挥经济核算的作用。

■ 案例解惑

1. 农业经济核算的内容一般包括农业资金核算、农业成本核算和农业盈利核算三个方面。

2. 提示：选用优良的种兔、降低饲料成本、降低防疫成本等。

模块二　农业成本与效益的基本概念

■ 案 例 导 入

> 某农户饲养奶牛 300 头，在饲养过程中，采取划区轮牧和圈养两种饲养模式进行试验。采用划区轮牧饲养技术饲养的奶牛，每天采食鲜草 70 千克，每天需补充精料 1 千克，价值 15.75 元；采用圈养方式饲养的奶牛，每天采食干物质 12 千克，每天需补充精饲料 14 千克，价值 24.5 元。通过对比试验发现：该场奶牛若采用划区放牧，每天每头奶牛比传统圈养节约饲料成本 8.75 元，则全年可节约饲料成本 95.8 万元。在节约饲料成本的同时，由于采取的是划区轮牧技术，牲畜粪便直接排泄在草地上，通过分解成为牧草所需的最佳肥料，促使牧草生长，减少了施用肥料的成本，达到草畜和谐发展、保护自然生态的目的。
>
> 其次，在饲养过程中，家畜的疾病控制是一笔较大的成本，为了减少疾病控制成本，还可以在牧场混播栽培一定数量的药用牧草让家畜采食（如蒲公英、马齿苋等），以使牲畜增强自身抵抗力，达到少生病或不生病的目的。
>
> 另外，食用新鲜牧草生产的是有机畜产品，该类产品的价格是普通产品的好几倍。随着人们对健康食品要求的不断提高，有机畜产品的市场前景将十分广阔。
>
> 因此，在自然条件能够满足的情况下，采用划区轮牧的饲养方式，无论从成本的角度还是从盈利的角度看，都是较好的一种饲养方式。
>
> ◆ 案例中计算不同饲养方式的饲料成本，给你什么启示？
> ◆ 哪些因素会影响饲养奶牛的经济效益？

一、农业成本与效益的基本概念

（一）农业成本的概念

成本是生产经营过程中所消耗的各种物质资料的价值，以及支付给劳动者的报酬的货币表现，是农产品价值的主要组成部分。成本按不同标准可分为总成本与单位产品成本、固定成本与变动成本、实际成本与计划成本（标准成本或控制成本）等。成本按计量单位不同可以分为：

1. 农业生产总成本

农业生产总成本是反映一个地区、一个部门或一个生产单位农业生产综合效益的重要指标，是农业生产部门或经营组织为生产一定数量的农产品所发生的各项成本的总和。

2. 农产品单位成本

农产品单位成本是生产单位农产品所发生的各项直接或间接成本。是农产品总成本与农产品产量的比值。其计算公式可表示为：

$$农产品单位成本＝农产品总成本/农产品产量$$

从上面的公式可以看出，农产品单位成本的高低与农产品总成本和农产品总产量两个因素有关。在农产品数量一定的情况下，农产品总成本越高，农产品单位成本越高，反之，农产品单位成本越低；在农产品总成本不变的情况下，农产品产量越高，农产品单位成本越低，反之，农产品单位成本越高。农产品单位成本能反映增产与节约两方面的经济效果，是考核农产品成本水平的重要指标。

(二) 农业经济效益的概念

效益是所获得的各种成果与劳动消耗间的对比关系，包括经济效益、社会效益和生态效益。经济效益是指所获得的各种物质成果与劳动消耗或所得与所费、产出与投入的对比关系，社会效益是指给社会带来的好处与利益，生态效益是指生态环境的改善给人类带来影响的效应。

1. 投入与产出的价值比较

农业经济效益是农业生产和再生产过程中劳动消耗和劳动占用与有用劳动成果之间的价值比较。农业经济活动的最终目的是通过各种生产要素的合理配置和高效利用，以尽可能少的投入消耗获得尽可能多的经济效益。如果在农业生产过程中以等量投入获得了较以前更多的产出，或是取得等量产出较以前耗费了更少的要素投入，则意味着农业的经济效益提高了。农业经济效益可以用绝对数表示，也可以用相对数表示。其计算公式为：

$$经济效益＝劳动成果的价值量－劳动消耗和占用的价值量$$
$$＝产出价值－投入价值$$
$$经济效益＝劳动成果的价值量/劳动消耗和占用的价值量$$
$$＝产出价值/投入价值$$

从上面的公式可以看出，经济效益指标，无论是用绝对数表示还是用相对数表示，都是指标值越大越好，如果指标值小，说明经济效益差。但这种指标值大或小都不是绝对的，而是相对的。只有同原来的基础相比较，或进行横向比较，才能判断出经济效益是否提高。指标值比原来大，是正效益，说明经济效益提高了；指标值比原来小，是负效益，说明经济效益下降了。在农业生产中，正效益和负效益可以相互转化。农业中有些新技术、新措施，在开始时可能是正效益，但经过一段时间后，可能会出现负效益；有时则恰好相反，即在新技术、新措施被采用初期是负效益，但经过一段时间后可能出现正效益。

2. 影响农业经济效益的因素

现实中，影响农业经济效益的因素很多，主要有自然环境条件、农业投入水平、农业科学技术与生产方式、农业区域布局与生产结构、农业生产的规模化和专业化水平等（表 3-3）。

表 3-3　影响农业经济效益的因素

影响因素	解　析
自然环境条件	农业生产的对象是有生命的生物，生物的生长同自然环境条件有着极其密切的关系。如果自然环境条件适合生物生长，农产品产量就高，农业经济效益就好；如果自然环境条件不适合生物生长，农产品产量就低，农业经济效益就差
农业投入水平	农业投入是影响农业经济效益的主观因素。在其他投入不变的情况下，连续追加某一种资源要素的投入数量会导致边际报酬递减。追加投入可以增加收益，也一定会增加成本，如果追加资源投入所增加的单位成本小于因追加资源投入而增加的单位收益，说明产生了正效益；反之，说明产生了负效益。实践中应根据边际收益递减规律，来控制投入的最佳数量，确保增加投入后能真正提高经济效益
农业科学技术与生产方式	农业科学技术的进步及推广应用直接决定着农业经济效益的高低。劳动者将农业科学技术应用于农业生产，作用于劳动资料和劳动对象，会使农业的生产方式发生变革，进而促进农产品产量和农业劳动生产率的提高。特别是农业劳动者科学知识的增长、技术水平的提高、生产经营能力的增强，对合理利用农业资源、创新农业生产方式、提高农业规模效益起着关键性的作用
农业区域布局与生产结构	农业区域布局与农业生产结构对农业的整体效能和竞争实力影响巨大，合理的农业区域布局与生产结构能做到因地制宜，扬长避短，发挥优势，能合理地利用当地的自然资源和经济资源，能形成与区域特色优势相匹配的农业产业结构层次，能使农业生产的各部门相互依赖、良性循环、协调发展，进而促进农业增效、农民增收、农业生产力持续稳定发展。同时，还能使各种农产品的供求保持总量与结构的平衡，对稳定农产品市场供应、避免农产品价格波动、发挥市场对农业的导向作用意义重大
农业的规模化、专业化水平	现代农业生产必须走规模化、专业化、集约化的发展道路。小农经济的分散经营模式是以丧失规模效益为代价的。经济学的规模经济理论告诉人们，在一定的生产技术条件下，农业的经营规模不同，投入要素所产生的经济效益就不同。劳动者、劳动资料与劳动对象的结合越紧密，各种生产要素的利用就越充分，经济效益就越好

二、农业经济效益与成本的关系

农业经济效益与成本之间存在相互依存、相互联系的关系。首先，成本是效益的基础，没有一定的投入（成本）就没有产出，也就不存在效益；其次，一般情况下，农业经济效益与成本成反比，即成本越高经济效益越低；第三，从长远看，农业经济效益与成本成正比，即成本增加带来的总产值增长率大于成本的增长率，则农业经济效益也会提高，如用在科技和教育方面的资金投入越多，经济发展的速度就越快，经济效益就越好；第四，效益是成本的目的，离开了效益，成本的增加就变得毫无意义，也只能是暂时的。

■ 案 例 解 惑

1. 低成本未必就意味着低收益。
2. 影响农业经济效益的主要因素有自然环境条件、农业投入水平、农业科学技术与生产方式、农业区域布局与生产结构、农业生产的规模化和专业化水平等。

■ 能 力 转 化

● 简答题
1. 农业经济核算有什么作用？
2. 农业经济核算包括哪些内容？
3. 什么是农业经济效益？
4. 影响农业经济效益的因素有哪些？

● 知识拓展
阅读有关农业经济的期刊、报纸及相关网站。

● 社会调查
对当地的主要经济作物应用农业科学技术的情况进行实地调查，分析科学技术对农业经济效益的影响程度。

项目二　农业资金的核算

✕ 学 习 目 标

知识目标　掌握农业资金的管理及核算。
技能目标　培养农业资金管理及核算的技能。

情感目标　认识到资金管理的重要性。

模块一　农业资金的来源及利用情况

■ 案 例 导 入

> 农业是立国之本，全社会都应该重视农业的投入和发展。当前，我国农业正处在传统农业向现代农业转变的重要阶段，因此农业发展需要大量的资金投入。20世纪90年代以来，我国财政支农资金虽然从投入的绝对量上增长较快，1990—2004年增加了7.66倍。年均增长16.33%，但是国家财政收入增长和财政支农资金增长之间具有明显的差距。20世纪90年代初到2006年，财政支农资金占财政总支出的比重很少超过10%，并且存在逐年下降的趋势。
>
> 其次，农村金融事业随着改革开放的进程取得了明显的发展，农村金融机构经过多次调整，形成了农村信用社、农业银行和农业发展银行"三足"鼎立的局面。但是这种制度安排并没有从根本上解决农村资金匮乏的状况。根据有关数据显示，以2007年为例，在农户投资完成总额中，农户自筹资金为4 687亿元，占91.49%；国内贷款为161亿元，仅占投资总额的3.14%。
>
> 此外，我国农业（包括农、林、牧、渔业）利用外资的数量也非常少。2007年仅为14.4亿元，仅占各行业利用外资总额的0.2%。
>
> ◆ 分析上述资料，农业资金的来源有哪些？
> ◆ 我国农业资金利用中存在哪些问题？

一、农业资金的来源

现阶段，我国农业生产所需要的资金主要有以下几个方面的来源：国家财政投拨的资金、农业生产者自身积累的资金、借入的资金、通过商业信用取得的资金、利用外资等（表3-4）。

表3-4　农业资金的来源

来源	解　析
国家财政投拨的资金	国家在农业上投拨的资金主要有：为国有农业生产单位核拨基本建设资金和流动资金；为农业科研、教育、气象等部门及所属事业单位核拨经费；整治河流，兴建水库、水电站，营造防护林，治理沙漠，保护草场等专项投资；对于一些以生产单位自筹资金为主的生产项目，国家也给予适量的资金补助，如农田水利、水土保持、养殖基地、农科网建设补助等；此外，还有地方财政和农业主管部门用于农业的各项支出，以及提高农副产品收购价格、减免农业税费等

（续）

来源		解 析
农业生产者自身积累的资金		农业自身的资金积累主要来源于集体积累和农民投资两个方面。集体积累的主要来源是各基层生产经营单位依合同约定向合作经济组织提交的积累，主要有公积金、职工福利基金、新产品试制基金和国家下拨的农田基本建设资金等。随着国家或集体对农业基本建设投资的逐步增加，生产条件不断改善，尤其是一些开发性项目的完成以及农业产值的逐年增加，农业的集体积累不断扩大。农民投资包括用于家庭经营的自筹资金和参加农业合作经济组织的入股资金。现阶段，我国农业普遍实行以家庭经营为主的经营形式，特别是随着从事不同生产项目的专业户和各种新经济联合体的日益壮大，农民的投资已成为农业内部自筹资金的主要来源
借入的资金	银行、信用社贷款	是农业生产单位筹集短期及长期负债的主要方式
	发行债券	通过发行债券的方式，将社会上的闲置资金集中起来，用于农业生产
	外资贷款	在条件允许的情况下，可以争取境外直接贷款来获取所需资金
商业信用		比较常见的商业信用有先提货后付款、先收款后付货两种方式
利用外资		农业利用外资的数额与其他行业相比，依旧偏少。农业利用外资潜力巨大

二、我国农业资金利用中存在的主要问题

1. 农业投资规划不科学

国家虽然制订了农业发展的中长期规划，但在进行农业投资时，常根据年度农业发展水平需要立项，规划性不强，资金管理有一定的盲目性，导致一方面农业资金缺乏，另一方面又存在着农业投资使用不当的现象，致使一定数额的农业投资成为无效投资。

2. 农业投资管理缺乏有效的协调机制

国家农业基本建设投资、农业综合开发资金、农业科技研发资金、以工代赈资金、扶贫资金等诸多农业专项资金，实行分块管理，投资的管理部门多、渠道复杂，资金的管理和安排缺乏统一规范，资金投向、建设内容、建设标准、项目的区域布局、资金的投放方式等缺乏统一协调。农业投资的种类、名目繁多，部门之间分散管理、不注意项目的衔接和配套，没有建立起一个强有力的工作协调机制，直接影响到农业资金的投资效率。

3. 农业资金使用不按计划进行

由于农业投资在范围和职责划分中，事权界线不清，农业投资项目应由中央、地方投资，还是由企业和社会投资没有明确规范，加上地方财政，特别是市、县以下财政大多财力有限，无法满足所有农业投资项目的资金需求，致使个别地方为争取中央及省级投资，实行一个项目多头申报，并且项目之间还存

在着挪用资金的现象。

4. 农业资金投入总体不足

农业基础条件差，抗灾能力弱，经营风险大，影响了劳动生产率的提高。因此，要改变这一状况，就必须加大财政资金的投入力度。改革开放以来，国家对农业的发展从多方面给予大力支持，但由于农业基础设施薄弱，农业资金总体需求大，一定时间内国家投入难以满足实际需要。随着国家对"三农"问题的高度重视，农业投入的力度将不断加强，农业基础设施条件也将会随着农业资金投入的增加而逐步得到改善。

▦ 案 例 解 惑

1. 现阶段农业生产所需要的资金，主要有以下几个方面的来源：国家财政投拨的资金、农业生产者自身积累的资金、借入的资金、商业信用、银行信贷资金、外资等。

2. 我国农业资金利用中存在的主要问题：农业投资规划不科学、农业投资管理缺乏有效的协调机制、农业资金使用不按计划进行、农业资金投入总体不足。

模块二　农业资金的管理及核算
▦ 案 例 导 入

某农户从事肉兔的养殖，由于精心管理，2010 年收入颇丰。于是 2011 年扩大了兔舍面积，投资了 50 000 元；因人手不够，又雇了一名养殖人员。但是在接下来几个月的养殖过程中遇到了经营困难：

1. 扩建兔舍占用了大量的现金。

2. 跟当地餐饮业建立了良好的合作关系，解决了肉兔的销售问题。但是大部分是赊销，款项无法及时收回。

3. 兔子数量增加了一倍，饲料费、人工费、电费等猛增，也需要大量资金。

该农户一筹莫展。

◆ 该农户的资金分为哪几大类？

◆ 该农户应如何加强资金管理，解决目前的困局？

一、农业资金管理

要进行农业生产，就必须进行人力、物力和财力的投入；再经过采购、生产、销售等阶段，获得生产经营收入；最后将生产经营成果分配给投资者。在这一过程中，自始至终都离不开资金运动，所以农业资金在农业生产及经营活动中发挥着重要作用。但是由于农业资金存在于各个生产环节，要发挥其功能效用，就必须加强对农业资金的管理。

（一）农业流动资金的管理

1. 流动资金的概念及组成

流动资金是指垫支在生产过程和流通过程中使用的周转金。它不断地从一种形态转化为另一种形态，其价值一次转移到产品成本中去，是一次性转移，但在实践中，为了简化核算手续，把一些单位价值低、使用时间短的材料，如低值易耗品、包装物等，也列入流动资金的范围进行管理。

流动资金的组成见表3-5。

表 3-5 流动资金的组成

种 类	内 容
储备资金	指各种储备物资所占用的资金，包括种子、饲料、农药、肥料、燃料及修理用材料等
生产资金	指在生产过程中占用的资金，如产品、半成品等
成品资金	指可以对外出售的各种成品占用的资金
货币资金	指农业企业或经营主体的银行存款、库存现金及其他货币资金
结算资金	指企业在供应、销售和内部结算过程中发生的应收、预付款项等

2. 农业流动资金的循环周转

农业生产的过程是一个周而复始、连续不断的过程，因此，其流动资金的循环和周转也是一个不间断的过程。流动资金一般从货币形态开始，依次经过供应、生产、销售三个阶段，表现为三种不同的存在形态，最后又回到货币形态。

3. 提高流动资金利用效率的途径

（1）加强物资供应储备环节的管理。主要是要加强采购的计划性，防止盲目采购。应通过制定合理储备定额，健全保管责任制度，及时处理积压物资，将储备物资的资金占用量控制在最低限度。

（2）加强生产环节的管理。主要是确定合理的生产结构，实行多种经营，改进生产组织方式，努力降低农业生产成本，增加销售收入，尽可能缩短生产周期，把不同生产周期的生产项目结合起来，开展多种经营，以便均衡地使用生产资金。

（3）加强流通环节及其他环节的管理。在此环节主要是及时组织产品销售，抓紧结算资金的回收。同时要加强贷款的计划性，合理确定信贷资金的规模与结构，减少成品资金和结算资金的占用量。

（二）农业固定资金的管理

1. 农业固定资金的概念及特点

农业固定资金是指垫支在劳动资料方面的资金。它是农业生产经营活动所需的建筑物、机械设备、运输工具、产畜、役畜、多年生果树、林木等实物形态的固定资产的货币表现。列入固定资产核算管理的劳动资料，必须同时具备两个条件：一是使用年限在 1 年以上，二是单位价值在规定限额以上。

固定资金的特点是由固定资产的特点所决定的。固定资产可多次参加生产经营过程其价值随着使用中的磨损逐步转移到产品成本中，并通过折旧的方式从产品销售收入中得到补偿。所以，固定资金周转速度慢，需要经历固定资产整个使用时期才能周转一次，在此期间，固定资产一部分价值存在于实物形态上，另一部分价值则通过折旧的方式变为货币形态的资金。

2. 固定资产的计量

固定资产计量是指采用货币形式将所拥有的固定资产登记入账并列报于会计报表及附注的行为。正确进行固定资产计量能够保证固定资产核算的统一性，为计算固定资产折旧提供依据。固定资产计量可按表 3-6 进行。

表 3-6　固定资产计量的种类

分　类	解　析
按历史成本计量	在历史成本计量下，固定资产按照购建时支付的现金或者现金等价物的金额计量
按重置成本计量	在重置成本计量下，固定资产按照现在购买相同或者相似资产所需支付的现金或者现金等价物的金额计量。当生产单位取得无法确定原始价值的固定资产时，按照同类固定资产的重置成本计量
按现值计量	在现值计量下，固定资产按照预计从持续使用和最终处置中所产生的未来净现金流量的折现金额计量。这种计量方式适用于接受捐赠未取得发票也没有同类固定资产可参考的情况
按公允价值计量	在公允价值计量下，固定资产按照公平交易中熟悉市场的双方都能接受的价格计量

3. 固定资产的折旧

固定资产折旧是指固定资产在使用过程中发生磨损并转移到成本中去的那一部分价值。固定资产磨损，包括有形磨损和无形磨损两种。有形磨损是由于物质磨损、侵蚀等而引起的价值减少；无形磨损则是由于科学技术进步等原因而导致的固定资产的价值减少。

（1）固定资产计提折旧的范围。已提足折旧继续使用的固定资产和按规定单独估价作为固定资产入账的土地不计提折旧，其他固定资产均计提折旧。

固定资产应按月提取折旧，为简化核算，当月增加的固定资产当月不提折旧，从下月起计提折旧；当月减少的固定资产，当月还应提折旧，从下月起不再计提折旧。对于提前报废的固定资产，不再补提折旧。所谓提足折旧，指已经提足该项固定资产应提的折旧总额。从数量上看，应提折旧总额等于固定资产原价减去预计残值再加上预计清理成本。

（2）固定资产的折旧方法。固定资产折旧的计算方法主要有平均年限法、工作量法、年数总和法和双倍余额递减法四种。农业企业或经营单位应根据固定资产的性质和消耗方式，确定合理的固定资产的预计使用年限和预计净残值，并根据生产技术发展水平、环境及其他因素，选择合理的固定资产折旧方法。

①平均年限法。其计算公式为：

$$某项固定资产的年折旧额 = \frac{该固定资产原值 - 预计净残值}{预计使用年限}$$

$$某项固定资产的月折旧额 = 该项固定资产的年折旧额/12$$

在实际工作中，固定资产折旧额是根据固定资产折旧率进行计算的，其计算公式为：

$$某项固定资产的年折旧额 = （固定资产原值 - 预计净残值）\times 固定资产年折旧率$$

例题 1　某固定资产的原值为100 000元，预计报废时的净残值为5 000元，使用年限确定为 10 年，其月折旧额为多少？

解　年折旧额 = （100000 - 5000）÷ 10 = 9500（元）

月折旧额 = 9500 ÷ 12 = 791.67（元）

②工作量法。对于农用车、收割机等固定资产可以根据其工作量和工作时间计提折旧，通用的计算公式为：

$$某项固定资产单位工作量折旧额 = \frac{固定资产原值 - 预计净残值}{预计工作总量}$$

例题 2　某台机器原值为750 000元，预计净残值50 000元，预计可使用10 000小时。第一年使用2 000小时。则第一年折旧额是多少？

解　每小时折旧额 = （750000 - 50000）÷ 10000 = 70（元）

第一年应计提的折旧额 = 2000 × 70 = 140000（元）

③双倍余额递减法。双倍余额递减法是用期初固定资产价值乘以折旧率，计算确定当期折旧额的方法。

其中，年折旧率和年折旧额的计算公式如下：

$$年折旧率＝\frac{2}{折旧年限}×100\%$$

$$年折旧额＝年期初固定资产价值×年折旧率$$

但最后两年，要按期初固定资产价值扣除净残值后平均计算折旧额。

例题 3 某设备原值200 000元，预计净残值20 000元，预计可折旧 5 年。则各年折旧额是多少？

解 年折旧率＝2÷5＝0.40

第一年折旧额＝200000×0.4＝80000（元）

第二年折旧额＝（200000－80000）×0.4＝48000（元）

第三年折旧额＝（200000－80000－48000）×0.4＝28800（元）

第四、第五年折旧额＝（200000－80000－48000－28800－20000）×

0.5＝11600（元）

④年数总和法。年数总和法是用固定资产原值减去预计净残值的差额乘以折旧率来计算确定当期折旧额的方法。其计算公式如下：

$$年折旧率＝\frac{折旧年限－已使用年限}{使用年限年数之和}$$

$$年折旧额＝（固定资产原值－预计净残值）×年折旧率$$

$$月折旧率＝年折旧率/12$$

例题 4 某设备原值为302 000元，预计清算费1 000元，预计残值3 000元，折旧年限为 5 年。则各年折旧额为多少？

折旧总额＝302000＋1000－3000＝300000（元）

年数总和＝1＋2＋3＋4＋5＝15（年）

解 第一年折旧额＝300000×5÷15＝100000（元）

第二年折旧额＝300000×4÷15＝80000（元）

第三年折旧额＝300000×3÷15＝60000（元）

第四年折旧额＝300000×2÷15＝40000（元）

第五年折旧额＝300000×1÷15＝20000（元）

4. 提高固定资金使用效益的途径

（1）合理购置固定资产。在资金有限的情况下，尽量选用通用设备，以减少固定资金的占用量。

（2）科学计提固定资产折旧。一方面要选择恰当的折旧方法，使该收回的资金早日收回；另一方面，确定好计提折旧固定资产的范围，该提折旧的都要计提折旧，使不该计提折旧的固定资产不再提取折旧。

（3）加强固定资产管理。定期进行清查盘点，使未使用的固定资产及早投入使用，使不需用的固定资产及时得到处理。同时，建立和健全固定资产的保管、使用、维修和改造制度，使固定资产经常处于技术完好状态，延长使用寿命，提高固定资产的生产能力和使用效率。

二、农业资金核算

（一）固定资金核算

固定资金核算主要指固定资金利用效果的核算。

1. 固定资金产值率

固定资金产值率是指农业企业在一定时期内所完成的总产值同固定资产平均占用额的比率。通常以每百元固定资金所提供的产值表示。每百元固定资金提供的产值越多，表明固定资金的利用效果越好。

2. 固定资金利润率

固定资金利润率是指企业在一定时期内所实现的利润总额同固定资金平均占用额的比率。通常以每百元固定资金所提供的利润表示。每百元固定资金所提供的利润越多，表明固定资金的利用效果越好。

（二）流动资金核算

流动资金核算主要计算流动资金周转率、流动资金产值率和流动资金利润率。

1. 流动资金周转率

流动资金周转率反映流动资金的周转速度，通常用年周转次数或周转一次所用的天数来表示，其计算公式如下：

$$流动资金年周转次数 = 年销售收入总额 / 年流动资金平均占用额$$

$$流动资金周转一次所用天数 = \frac{1}{流动资金年周转次数} \times 360$$

在生产规模等因素确定的条件下，流动资金周转越快，需要的流动资金越少；流动资金周转越慢，需要的流动资金越多。加快流动资金周转，提高流动资金的利用率，可以使有限的流动资金为较大的生产规模服务，促进农业生产向规模化发展。

2. 流动资金产值率

流动资金产值率是反映流动资金使用效果的指标，通常用每百元流动资金提供的产值来表示。其计算公式为：

> 每百元流动资金产值＝年总产值/年流动资金平均占用额

每百元流动资金提供的产值越多，说明流动资金利用的效果越好。

3. 流动资金利润率

流动资金利润率是指企业在一定时期内所实现的利润总额同流动资金平均占用额的比率。通常用每百元流动资金所实现的利润表示。其计算公式为：

> 每百元流动资金实现利润＝利润总额/年流动资金平均占用额

流动资金的利润率越高，说明流动资金利用效果越好，反之，说明流动资金利用效果越差。企业应该采取有效措施，最大限度地加速流动资金的周转。

案 例 解 惑

1. 农业资金分为流动资金和固定资金。
2. 加强储备、生产、流通各个环节流动资金的管理；减少固定资金的占用。

能 力 转 化

● 计算题

某固定资产原值20 000元，预计净残值2 000，预计使用年限为5年。试分别用平均年限法、工作量法、双倍余额递减法、年数总和法计提每年的折旧额。

● 简答题

某村现有农民360多户，1 500多人，土地3 700多亩，几乎全村种菜。在生产过程中大部分农户都遇到了资金短缺的问题。你能帮助他们从几种渠道解决生产资金短缺的难题吗？

● 社会调查

请你调查农业生产者资金的来源。当他们出现资金短缺时是如何筹措资金的，并了解其在资金筹措中遇到的困难。

项目三　各行业成本核算的方法

学习目标

知识目标　掌握农、林、牧、渔等各个行业成本核算的方法。

技能目标　培养分析问题的能力和计算能力。

情感目标　培养严谨、科学的态度。

模块一　种植业产品成本核算的方法

案例导入

> 某农户承包土地 500 亩，用于蔬菜生产，其中西兰花种植 250 亩、甘蓝种植 200 亩，空地面积 50 亩，西兰花、甘蓝的在地天数 1 个月（30 天），空地的天数 1 个月，土地承包费为 30 000 元。
>
> ◆ 如何在两种蔬菜之间分摊土地承包费？

一、种植业产品成本核算对象

种植业也称"植物栽培业"，指利用植物的光合作用和生长机能，采用人工培育和管理的方法，以取得粮食作物、经济作物和园艺作物等产品的农业生产部门。在中国通常指粮、棉、油、糖、麻、丝、烟、茶、果、药、杂等作物的生产。

1. 种植业产品成本核算的意义

种植业是国民经济基础，可为人类提供粮食、油料、糖类、蔬菜等基本生活品，又为工业提供各种原材料。它是人类社会赖以生存的第一产业。按市场需求发展种植业生产，是生产者的必然选择。此外，降低种植业总成本，加强种植业产品成本的核算，为国民经济和农业自身经济发展积累更多资金具有重要意义。

2. 种植业产品成本核算的对象

种植业产品成本核算对象是水稻、小麦、大豆、玉米、糖料（甜菜等）、其他杂粮（谷子、高粱、绿豆、小豆等）、棉花、花生、薯类、蔬菜、烟叶、人参等。

根据生产经营特点和成本管理要求，对主要作物要单独核算产品成本，如水稻、玉米等。次要作物可以适当合并核算产品成本，如绿豆、谷子等。但对不同收获期的同一作物，必须分别核算成本。

3. 种植业产品成本计算期

种植业产品成本的核算，要正确划分成本计算期，农产品成本应计算至以下阶段：

（1）粮食的成本算至入仓入库和场上能够销售为止。从仓囤出库和场上直接销售发生的包装费、运杂费等作为销售成本处理。

（2）不入库、不入窖的鲜活产品成本，算至销售为止。入库、入窖的鲜活产品成本，算至入库、入窖为止。

（3）棉花的成本算至加工皮棉为止。

（4）纤维作物、香料作物和人参等农产品的成本，算至加工完成为止（如人参加工成干参、红参、保鲜参、糖参等）。

（5）年底尚未脱粒作物的成本，应当包括预提脱粒成本。下年度实际发生的脱粒成本与预提数的差额，由下年度同一作物负担。

二、种植业产品成本的构成

（一）物质与服务成本

物质与服务成本指在直接生产过程中消耗的各种农业生产资料的成本、购买各项服务的支出以及与生产相关的其他实物或现金支出，包括直接成本和间接成本两部分。

1. 种子费

种子费指实际播种使用的种子、种苗、秧苗等支出。自产的以及生产部门或他人无偿提供的种子（种苗）按正常购买期市场价格计算，购入的种子按实际购买价格加运杂费计算。

2. 化肥费

化肥费指实际施用的各种化肥的成本。购买的化肥按实际购买价格加运杂费计算，政府部门、生产部门或他人无偿或低价提供的化肥按正常购买期当地市场价格计算。

3. 农家肥费

农家肥费指实际施用的农家肥的支出。农家肥包括粪肥、厩肥、绿肥、堆肥、饼肥、沤肥、泥肥、沼气肥等。其中：

（1）购买的农家肥按照实际购买价格加运杂费计算。

（2）生产者自积的人粪尿和饲养畜禽的粪肥、厩肥等，按市价计算。

（3）绿肥按种植成本（包括物质成本和人工）计算，沤肥按沤制成本（包括沤制用的原料和人工）计算。

（4）自产饼肥（包括售料返饼）按市场价格计算。

（5）自制菌肥按成本作价。

4. 农膜费

农膜费指生产过程中实际耗用的棚膜、地膜（包括微膜、包装膜等其他膜）等塑料薄膜的支出，按实际购买价格加运杂费计算。其中，地膜一次性计入，棚膜一般按两年分摊计算，实际使用年限不足或超过两年的棚膜可按实际使用年限分摊计算。

5. 农药费

农药费指生产过程中实际耗用的杀虫剂、杀菌剂等化学农药的成本。购买的农药按实际购买价格加运杂费计算，自产的农药按市场价或成本价作价。除草剂、抗生素等计入此项。

6. 租赁作业费

租赁作业费指生产者租用其他单位或个人机械设备和役畜进行作业所支付的成本，包括机械作业费、排灌费和畜力费三项。

（1）机械作业费。指生产者租用其他单位或个人的拖拉机、播种机、收割机等各种农业机械（不包括排灌机械或设施）进行机耕、机播、机收、脱粒和运输等作业时发生的成本，按实际支付的成本计算。

（2）排灌费。指生产者租用其他单位或个人的排灌机械或设施对作物进行排灌作业所支付的成本以及水费支出。

（3）畜力费。指生产过程中租赁他人耕畜进行作业时所发生的实际支出。

7. 燃料动力费

燃料动力费指生产过程中直接耗费的各项燃料、动力和润滑油的支出。

8. 技术服务费

技术服务费指生产者实际支付的与该产品生产过程直接相关的技术培训、咨询、辅导等各项技术性服务及配套技术资料的成本。不包括购买的农业技术方面的书籍、报纸、杂志等成本及上网信息费等成本（这些成本应计入管理费中）。

9. 工具材料费

工具材料费指当年购置的小件农具、工具、用具的成本及用于育苗、防寒、防冻、防晒及支撑（如竹竿、木条等）等用途的低价值材料（不包括农膜和塑料大棚骨架，农膜单独记入农膜项目，塑料大棚骨架作为固定资产进行核算）的成本，如锄头、镰刀、犁、耙、木杆、铁丝、草帘、遮阳瓦、防雨篷等。价格低的可以一次摊销，价格高的可以按使用年限摊销。

10. 修理维护费

修理维护费指当年修理或维护农机具、各项生产设备和生产用房等发生的材料支出和修理成本。应由多业或多品种共同分摊的成本，按照产值或工作量分摊。大修理费按照预计下一次大修理之前的年限平均摊销。生产者自己修理的用工计入家庭用工。

11. 其他直接成本

其他直接成本指与生产过程有关的但不能计入相关成本指标的其他支出，如蚕茧生产过程中所发生的小蚕共育费、购买桑叶的支出等。

12. 固定资产折旧

固定资产是指单位价值在 100 元以上，使用年限在 1 年以上的生产用房屋、建筑物、机器、机械、运输工具、役畜、经济林木、防护林、堤坝、水渠、机井、晒场、大棚骨架和墙体以及其他与生产有关的设备、器具、工具等。

购入的固定资产按购入价加运杂费及税金等计价；自行营建的按实际发生的全部成本计价。

固定资产按分类折旧率计提折旧。种植业各类固定资产参考折旧率为：生产专用房和永久性栏棚 8%，水渠、晒场、机井等建筑物 10%，机械、动力、运输、排灌等机械设备类 12.5%，大中型农具和器具 20%，役畜按实际可役用年限确定，经济林木（果树、桑树、茶树等）10%（或按实际挂果或采摘年限确定），其他固定资产折旧率均按 20% 计算。

各品种应分摊的固定资产折旧一般按各品种播种面积比例分摊，不同作物作业量相差较大的，按作业量比例分摊。

生产者使用自有机械设备（设施）或耕畜作业且已按照视同租赁作业进行核算的，该机械设备（设施）和耕畜不计提固定资产折旧，以免重复计算。

农业生产部门的固定资产折旧按照其会计报表数据核算分摊。

13. 税金

税金指生产者实际缴纳的农业税及农业税附加的数额。非计税面积的耕地不分摊税金。各品种应摊税金按照该品种播种面积占计税土地总播种面积比例计算。

14. 保险费

保险费指生产者实际支付的农业保险费，按照保险种类分别或分摊计入有关品种。

15. 管理费

管理费指生产者为组织、管理生产活动而发生的支出，包括与生产相关的书籍和报刊费、差旅费、市场信息费、上网费、会计费（包括记账用文具、账册及请人记账所支付的成本）以及上缴给上级单位的管理费等。

16. 财务费

财务费指与生产经营有关的贷款利息和相关手续费等。

17. 销售费

销售费指为销售该种产品所发生的运输费、包装费、装卸费、差旅费和广告费等。生产者自己及其家庭成员在销售产品过程中发生的用工计入家庭用工，不得折价计入销售费；雇用他人销售产品的，支付的成本计入销售费，其用工不予核算。

（二）人工成本

人工成本指生产过程中直接使用的劳动力的成本，包括家庭用工折价和雇工成本两部分。

1. 家庭用工折价

家庭用工是指生产者和家庭成员的劳动、与他人相互换工的劳动以及他人单方无偿提供的劳动用工。

2. 雇工成本

雇工成本是指因雇佣他人（包括临时雇佣工和合同工）劳动（不包括租赁作业时由被租赁方提供的劳动）而实际支付的所有成本，包括支付给雇工的工资和合理的饮食费、招待费等。短期雇工的雇工成本按照实际支付总额计算；长期雇请的合同工（1个月以上），先按照该雇工平均月工资总额（包括工资及福利费等）除以30天计得出其日工资额，再根据其从事该产品生产的劳动天数计算得到其雇工成本。

（三）土地成本

土地成本也称"地租"，指土地作为一种生产要素投入到生产中的成本，包括流转地租金和自营地折租。

流转地租金指生产者转包他人拥有经营权的耕地或承包集体经济组织的机动地（包括沟渠、机井等土地附着物）的使用权而实际支付的转包费、承包费（或称"出让费""租金"等）等土地租赁成本。

自营地折租指生产者自己拥有经营权的土地投入生产后所耗费的土地资源，参照当地土地转包费或承包费净额计算。

> 每亩生产成本＝每亩物质与服务成本＋每亩人工成本
> 每亩总成本＝每亩生产成本＋每亩土地成本
> ＝每亩物质与服务成本＋每亩人工成本＋每亩土地成本

在实际工作中，种植业成本的计算一般都通过成本计算单进行，成本计算单的具体格式如表3-7所示。

表 3-7　农作物产品成本计算单（20××年度）

项　　目	作物种类			
	小麦	玉米	棉花	······
播种面积（亩）				
总产量（千克）				
种子费（元）				
化肥费（元）				
农膜费（元）				
······				
合计（元）				
生产总成本（元）				
单位面积成本（元/亩）				
副产品价值（元）				
主产品成本（元）				
单位主产品成本（元/千克）				

各项成本核算出来以后，就可以结合各种作物的种植面积和产量计算其产品成本了。每种作物一般都要计算总成本、单位面积成本和单位产品成本三个指标。

其他农产品的成本与种植业的成本构成相同的部分将不再累述，在后面的章节中重点列举其他农产品的成本构成与种植业的成本构成不同之处。

三、种植业产品成本的计算

（一）粮食作物产品成本的计算

粮食作物产品成本一般要计算三项指标，即粮食作物总成本、单位面积成本和单位产品成本。

粮食作物在成熟收获时，一般可以获得主产品和副产品。主副产品生产成本是一起发生的。为了计算主产品的单位成本，应从全部生产成本中扣除副产品价值。

1. 主产品成本的计算

作物总成本＝人工成本＋物质与服务成本＋土地成本

作物单位面积成本＝该作物总成本/该作物播种面积

$$作物单位主产品成本＝\frac{该作物总成本－该作物副产品价值}{主产品产量}$$

2. 副产品成本的计算

确定副产品成本的方法有两种：

（1）估价法。是对副产品按市场价格进行估价，以此作为副产品成本。

（2）比例法。按照一定比例把某作物总成本在主产品和副产品之间进行分配。

若副产品不能利用或不能出售，则不予计价，其成本全部由主产品负担。

例题 5 某农户有耕地 450 亩，主要种植小麦和水稻。2010 年播种小麦250 亩、水稻 200 亩，收获小麦70 000 千克，稻谷90 000 千克，出售麦秸、稻草分别获得16 000元、14 000元。小麦的人工费8 000元、物质与服务费64 000元、土地成本23 636元，水稻的人工费7 000元、物质与服务费56 000元、土地成本41 364元。分别计算小麦和水稻的成本。

解 小麦总成本＝小麦人工成本＋小麦物质与服务成本＋小麦土地成本
　　　　　　＝8000＋64000＋23636＝95636（元）

　　　小麦单位面积成本＝小麦总成本/小麦播种面积
　　　　　　＝95636÷250＝382.54（元/亩）

　　　小麦单位产品成本＝（小麦总成本－小麦副产品价值）/主产品产量
　　　　　　＝（95636－16000）÷70000＝1.14（元/千克）

　　　水稻总成本＝水稻人工成本＋水稻物质与服务成本＋水稻土地成本
　　　　　　＝7000＋56000＋41364＝104364（元）

　　　水稻单位面积成本＝水稻总成本/水稻播种面积
　　　　　　＝104364÷200＝521.82（元/亩）

　　　水稻单位产品成本＝（水稻总成本－水稻副产品价值）/主产品产量
　　　　　　＝（104364－14000）÷90000＝1（元/千克）

（二）蔬菜成本的计算

蔬菜栽培按其生产技术和生产条件不同，可以分为露天栽培和保护地栽培两种。大面积的露天栽培与大田作物基本相同，可按一般作物的核算方法计算蔬菜成本。小面积的露地蔬菜成本，可按市价比例法进行计算。如果采用温室或温床等保护地栽培蔬菜，在同一生产周期生产几种蔬菜时，凡是能分清是哪一种蔬菜耗用的成本（如种子和种苗等），应直接计入该种蔬菜的成本，不能直接计入成本的共同性生产成本（如取暖、水电费等），应单独汇集，并在产品产出月份按温床格日数（某种蔬菜占用温床格数和在温床生长日数的相乘积）或温室平方米日数（某种蔬菜占用温室平方米数和在温室生长日数的相乘积）分配共同性生产成本，以计算每种蔬菜的总成本和单位成本。

按温床格日数或温室平方米日数分配共同性生产成本的计算公式为：

蔬菜共同性成本分配率＝温床（温室）共同性成本总额/
占用的床格日（平方米日）总数
某种蔬菜应分摊共同性成本＝该种蔬菜占用的床格日（平方米日）数
×蔬菜共同性成本分配率

例题 6　某蔬菜专业户，利用温床种植黄瓜、番茄、芹菜三种蔬菜。根据生产记录，黄瓜占用 200 格，生长期 70 天；番茄占用 300 格，生长期 60 天；芹菜占用 100 格，生长期 40 天。三种蔬菜的产量分别为：黄瓜 1 025 千克，番茄 2 450 千克，芹菜 860 千克。黄瓜直接计入的成本为 680 元，番茄直接计入的成本为 1 896 元，芹菜直接计入的成本为 158 元。三种蔬菜共同性生产成本为 3 600 元。计算三种蔬菜的总成本和单位成本。

解　蔬菜共同性成本分配率＝温床（温室）共同性成本总额/占用的床格日（平方米日）总数＝3600÷（200×70＋300×60＋100×40）＝0.1

黄瓜应分摊的共同性成本＝200×70×0.1＝1400（元）

番茄应分摊的共同性成本＝300×60×0.1＝1800（元）

芹菜应分摊的共同性成本＝100×40×0.1＝400（元）

黄瓜的总成本＝680＋1400＝2080（元）

番茄的总成本＝1896＋1800＝3696（元）

芹菜的总成本＝158＋400＝558（元）

黄瓜的单位成本＝2080÷1025＝2.03（元/千克）

番茄的单位成本＝3696÷2450＝1.51（元/千克）

芹菜的单位成本＝558÷860＝0.65（元/千克）

（三）农作物特殊情况成本计算

1. 多年生作物的成本计算

（1）一次收获的多年生作物。一次收获的多年生作物（如人参），应按生长期各年累计的总成本计算产品成本。计算公式为：

$$主产品单位成本＝\frac{截至收获月份的累计成本－副产品价值}{主产品本年总产量}$$

例题 7　某人参种植户，本年收获 5 年生人参 890 千克，栽种面积为 1.2 亩，截至收获月份，5 年累计的成本总额为 61 632 元，副产品价值为 3 840 元。计算人参每千克成本和每亩成本。

解　人参每千克成本＝（61632－3840）÷890＝64.96（元）

人参每亩成本＝（61632－3840）÷1.2＝48160（元）

（2）多次收获的多年生作物。多次收获的多年生作物（如剑麻、胡椒等），在未提供产品前的累计生产成本，可分期摊入产出年份的产品成本。分摊的方法有两种。一种是产品年限法，即将提供产品前累计发生的生产成本，按提供产品的年限平均分摊。这种方法适用于抚育年限长、提供产品年限较多、各期产品产量差别不大的作物，如剑麻、胡椒等。另一种是计划产量比例法，即将提供产品前累计发生的生产成本，按预计的总产量比例分摊。这种方法适用于抚育年限短、提供产品产量各期差别较大的作物，如香蕉、甘蔗等。按计划总产量的比例分摊，往年成本本年摊销额加上投产年份的全部生产成本，就构成多次收获多年生作物当年产出产品的成本。计算公式为：

$$主产品单位成本 = \frac{往年成本本年摊销额 + 收获年份全部成本 - 副产品价值}{主产品本年总产量}$$

2. 间、套、混、复种作物的成本计算

间种、混种是指在一块土地上同时种植两种或两种以上作物，分行种植为间种，同行种植为混种。套种、复种是指一年之间在同一土地上种植两茬以上的作物。在前茬作物收获之前，于行间种植后茬作物称套种；在前茬作物收获之后，再种植后茬作物称复种。发生的生产成本，凡是能明确划分为某种作物的，应直接计入该作物成本；凡是属于共同性的成本，可按播种面积比例进行成本分离。播种面积可按单位面积播种量进行折合。其计算公式为：

$$某种作物的播种面积 = 某作物实际播种量 / 某作物单位面积定额播种量$$
$$共同性成本分配率 = 共同性成本总额 / 各种作物播种面积之和$$

$$某种作物总成本 = 直接计入总成本 + 该种作物播种面积 \times 共同性成本分配率$$
$$某种作物主产品单位成本 = \frac{某种作物总成本 - 副产品价值}{某种作物主产品总产量}$$

例题 8 某农户间种玉米和大豆，玉米的实际播种量为 96 千克，大豆的实际播种量为 80 千克。玉米的直接成本为 216 元，大豆的直接成本为 103 元，两种作物发生的共同性成本1 417元。收获玉米6 400千克，大豆1 600千克。副产品玉米秸估价 40 元，豆秸估价 20 元。玉米每亩定额播种量为 3 千克，大豆为 5 千克。计算玉米和大豆的总成本及单位成本。

解 玉米播种面积＝96÷3＝32（亩）

大豆播种面积＝80÷5＝16（亩）

共同性成本分配率＝1417÷（32＋16）＝29.52

玉米的总成本＝216＋32×29.52＝1160.64（元）

大豆的总成本＝103＋16×29.52＝575.32（元）

玉米的单位成本＝（1160.64－40）÷6400＝0.18（元/千克）

大豆的单位成本＝（575.32－20）÷1600＝0.35（元/千克）

3. 受灾作物的成本计算方法

种植业生产受自然因素影响很大，受灾作物的成本计算应根据受灾情况分别处理。

（1）自然灾害对某种农作物造成局部损失（如缺苗、断垄等），不需要改种其他作物的，对于补苗、补种所发生的成本和人工费，应计入原作物的产品成本。

（2）自然灾害对某种农作物造成一定损失，不能再补种或改种的，其灾害损失应列入未受灾地块作物的成本。如重新改种或毁种的，其灾害损失只计算重新改种，毁种的种子费、肥料费、人工成本以及改种、毁种前所发生的成本。这些损失应计入改种、毁种作物的产品成本。

自然灾害严重，造成农作物全部绝产、绝收的，扣除保险公司赔款的净损失，列作其他支出，直接从当年收益中核销。

■ 案 例 解 惑

每亩每天分摊的土地承包费＝30000÷（250×30＋200×30＋50×30）

＝2（元）

本月西兰花应分摊的土地承包费＝2×30×250＝15000（元）

甘蓝应分摊的土地承包费＝2×30×200＝12000（元）

空地应分摊的土地承包费＝2×30×50＝3000（元）

模块二　林业产品成本核算的方法

■ 案 例 导 入

某农户有土地105亩，5亩用于培育苹果苗，100亩用于栽种苹果树。育苗的生产成本为60 000元，起苗费为5 000元，共起苗130 000株，其中30 000株栽种在自己的100亩土地上，其余出售。营造自己的100亩苹果园支付肥料费10 000元、机械作业费10 000元、排灌费5 000元、其他直接费用15 000元、间接费用（人工成本等）30 000元。2010年开始结果，获得50 000千克苹果，当年又发生培育费15 000元、管理费用5 000元、采收费3 000元。苹果园的经济寿命为 10 年。
- ◆ 苹果苗每株成本是多少？
- ◆ 苹果园建设每亩成本是多少？
- ◆ 2010 年苹果总成本、单位成本是多少？

　　林业生产按其经济用途可划分为经济林（如各种果树、茶树、橡胶树等）、用材林（松树、杨树、杉树等）、薪炭林、防护林（防风、固沙等）和特种用途林（风景林等）。林业与种植业相比，其生产周期长，栽培的植物都是多年生植物，从栽培到收获产品大都需要几年甚至几十年的周期。因此，加强林业产品成本核算，对于提高林业生产的经济效益具有重要的意义。由于林业的成本构成与种植业相似，此处不再累述，本节主要说明经济林木生产的成本核算。

　　经济林木的生产过程，一般包括：苗圃生产、幼树培育和成林采割三个阶段。主要产品（如各种水果、桑、茶、橡胶等）应单独核算成本，其他林产品可合并计算产品成本。

一、苗圃产品成本的计算方法

　　苗圃是专门培育苗木的生产单位，其产品就是树苗。成本核算期一般从整地育苗开始，到起苗假植为止。在这一时间发生的全部成本，就是树苗的总成本。跨年生或当年未起苗的树苗，应作为在产品结转下年。

　　实际工作中，树苗分为起苗和未起苗两部分，起苗成本应由起苗部分负担，起苗前所发生的成本，应在起苗和未起苗两部分之间进行分配。分配的方法有两种：

1. 面积法

　　面积法是指以育苗面积为比例分配苗圃总成本的一种方法。其计算公式为：

每亩苗圃成本＝苗圃起苗前总成本/苗圃面积
未起苗部分树苗成本＝未起苗面积×每亩苗圃成本
起苗部分树苗成本＝起苗面积×每亩苗圃成本＋起苗成本

2. 株数法

　　株数法是指以育苗株数为比例分配苗圃总成本的一种方法。其计算公式为：

> 每株树苗成本＝苗圃起苗前总成本/苗圃株数
> 未起苗部分树苗成本＝未起苗株数×每株树苗成本
> 起苗部分树苗成本＝起苗株数×每株树苗成本＋起苗成本
> 起苗部分每株树苗成本＝起苗部分树苗成本/起苗株数

例题 9 某苗圃生产专业户，育杨树苗 800 亩，本年起苗 500 亩，共起树苗3 250棵，未起苗面积尚有杨树苗1 600棵。起苗前共发生育苗成本为130 000元，支付起苗费30 000元。分别用面积法和株数法计算杨树苗成本。

解 面积法：

　　每亩苗圃成本＝130000÷800＝162.5（元）
　　未起苗部分树苗成本＝（800－500）×162.5＝48750（元）
　　起苗部分树苗成本＝500×162.5＋30000＝111250（元）

株数法：

　　每株树苗成本＝130000÷（3250＋1600）＝26.80（元）
　　未起苗部分树苗成本＝1600×26.80＝42880（元）
　　起苗部分树苗成本＝3250×26.80＋30000＝117100（元）
　　起苗部分每株树苗成本＝117100÷3250＝36.03（元）

二、幼树培育的成本核算

幼树的培育过程，是从移苗定植开始到幼树成龄投入生产为止。需要注意的是，在计算营造成本时，应扣除幼树培育期间获得的少量产品的收入，如幼树行间种植作物获得产品的收入、幼树修剪的树枝收入、成龄投产前的零星产品收入等。幼树营造成本的计算公式为：

$$幼树营造单位成本＝\frac{幼树培育总成本－培育收入}{幼树培育总面积（总株数）}$$

三、经济林木产品成本的核算

经济林木是指橡胶、果、桑、茶、油桐、核桃、油茶等林木。这些经济林木经幼树培育成龄投产采割时，应作为交付使用的固定资产进行管理和核算。并从交付之日起，计算采割产品的成本。采割的产品成本包括当年的抚育成本和停割停采期的成本（包括抚育管理、增施肥料、割前准备、胶工培训、开割前一次性配备的工具等成本）。当年抚育成本汇集的方法与种植业基本相同，停割停采期的成本，在产品产出前发生的部分，计入当年产品成本；产品产出以后发生的部分，作为在产品结转下年。经济林木产品成本计算公式为：

单位成本＝（当期抚育成本＋上年转来停割停采成本－结转下年
停割停采成本－副产品价值）/总产量

计入林产品的成本，不入库不入窖的各种果品，算至销售为止，入库入窖的算至入库入窖为止。橡胶应算至加工成干胶片，茶算至加工成商品茶。没有加工设备的，橡胶可算至鲜胶乳，茶可算至鲜茶叶。

以果树为主的农业生产单位或农户，其果树生产的成本核算，应按每种树种（如苹果、梨、桃、山楂等）分别计算其产品成本。如果分别计算有困难的（因为果树的果品成熟时间不同，收获期也不一样），也可合并核算其产品成本。实际工作中，各种果品一般要按质论价，这就要求果品在出售前，要按国家规定的标准划分等级。因此，还要计算各等级果品的实际成本。对于合并核算产品成本和计算各等级果品成本的方法，可采用计划成本或预计的收入进行成本分离（或按市价比例法、比例分配分离法）。果树行间种植的蔬菜或其他作物所发生的成本，应由蔬菜或其他作物的产品负担。小量间种作物，收入不大的，可视同副产品处理。

例题 10　某果树专业户种植苹果 10 亩，总产量 70 000 千克，生产成本总额 222 640 元，副产品价值 1 840 元。种植桃树 4 亩，总产量 16 000 千克，生产成本总额 27 410 元，副产品价值 410 元。计算苹果和桃的成本。

解　苹果单位成本＝（222640－1840）÷70000＝3.15（元/千克）

每亩苹果成本＝222640÷10＝22264（元）

桃单位成本＝（27410－410）÷16000＝1.69（元/千克）

每亩桃成本＝27410÷4＝6852.50（元）

例题 11　某苹果梨生产专业户，全年共发生生产成本 23 840 元，副产品价值 1 600 元，当年收获一等苹果梨 30 000 千克，二等苹果梨 20 000 千克，三等苹果梨 15 000 千克，等外苹果梨 10 000 千克。苹果梨的市场售价为：一等苹果梨 2.4 元/千克，二等苹果梨 2 元/千克，三等苹果梨 1.4 元/千克，等外苹果梨 1 元/千克。计算各等级苹果梨的成本。

解　苹果梨总成本＝23840－1600＝22240（元）

分配率＝22240÷（30000×2.4＋20000×2＋15000×1.4＋10000×1）
＝0.16

一等苹果梨总成本＝30000×2.4×0.16＝11520（元）

二等苹果梨总成本＝20000×2×0.16＝6400（元）

三等苹果梨总成本＝15000×1.4×0.16＝3360（元）

等外苹果梨总成本＝10000×1×0.16＝1600（元）

一等苹果梨单位成本＝11520÷30000＝0.38（元/千克）

二等苹果梨单位成本＝6400÷20000＝0.32（元/千克）

三等苹果梨单位成本＝3360÷15000＝0.22（元/千克）

等外苹果梨单位成本＝1600÷10000＝0.16（元/千克）

■ 案例解惑

苹果苗每株成本＝（60000＋5000）÷130000＝0.5（元）

苹果园建设每亩成本

＝（苹果园营造总额－副产品收入）/苹果园总面积

＝（30000×0.5＋10000＋10000＋5000＋15000＋30000－0）÷100

＝850（元）

每年苹果园固定资产折旧＝850×100÷10＝8500（元）

苹果总成本＝15000＋5000＋3000＋8500＝31500（元）

苹果单位成本＝31500÷50000＝0.63（元/千克）

模块三　畜牧业产品成本核算的方法

■ 案例导入

> 　某农户饲养奶牛 100 头，某年生产仔牛 50 头、牛奶350 000千克，产生的厩肥和牛毛20 000元，全部饲养费用为200 000元。
>
> ◆ 该奶牛场的牛奶和仔牛的单位成本是多少？

一、畜牧业产品成本核算对象

畜牧业是农业的主要组成部分，是通过饲养、繁殖禽畜以取得畜产品或役用牲畜的社会生产部门。包括牛、马、猪、羊、鸡、鸭等家畜、家禽的饲养业和鹿、麝、狐、貂等经济兽类的驯养业。

（一）畜牧业产品成本核算的特点

1. 畜牧业生产是经济再生产与自然再生产交织在一起的生产过程

畜禽自身的生长、发育、繁殖、衰老直至死亡是自然再生产过程；人们在饲养生产过程中，要投入一定的劳动。取得养殖业产品，在经济上获得收益，是经济再生产过程。根据这个特点，畜牧业成本核算要区别畜禽不同生长发育阶段，确定不同的核算项目和内容。

2. 畜禽具有生产资料和产品的双重性

畜禽本身是一部"机器"，它既是生产资料，可以生产产品，有时本身又是产品。所以，畜牧业成本核算要依据畜禽在生产中的性质和作用而采取不同的核算方法。

3. 畜禽产品具有多样性

因此，畜牧业成本核算要依据生产目的计算产品产量，划分主副产品，分摊有关成本。

（二）畜牧业产品成本核算的对象

畜牧业产品成本核算必须与饲养管理相适应。对畜牧专业饲养场，应实行分群核算，即按不同畜龄分别汇集成本，以计算每一畜龄畜禽的成本。对于饲养畜禽不多或不具备分群核算的农户，可实行混群核算。

混群核算以畜禽类别划群，一类为一个成本核算对象，如猪、奶牛、肉牛、鸡、鸭、鹅、蜂、兔等。分群核算以各畜禽类别内的不同畜龄划群，同一类别的、同一畜龄为一个成本核算对象。

1. 养猪业

（1）基本猪群（包括母猪、种公猪和两个月以内未断乳仔猪）。

（2）2～4 个月幼猪。

（3）4 个月以上育肥猪群（包括 4 个月以上的幼猪、后备猪、育肥猪和被淘汰的基本猪）。

2. 养牛业

（1）基本牛群（包括成龄母牛和种公牛）。

（2）0～6 个月犊牛。

（3）6 个月以上幼牛（包括怀孕母牛、成龄育肥牛）。

3. 养马业

（1）基本马群（包括母马、种公马、未断奶的马驹）。

（2）当年生幼马。

（3）二年生幼马。

（4）三年生幼马。

4. 养羊业

（1）基本羊群（包括成年母羊、种公羊、未断奶仔羊）。

（2）当年生断奶后仔羊群。

（3）往年生幼羊群。

（4）成龄去势羊及非种用公羊群。

5. 养鹿业

（1）种公鹿。

（2）母鹿（包括未断奶仔鹿）。

（3）当年生幼鹿。

（4）往年生幼鹿。

6. 养禽业（按鸡、鸭、鹅等分别核算）

（1）基本禽群（成龄群）。

（2）幼禽及育肥禽。

（3）人工孵化群。

二、畜牧业产品的成本构成

（一）物质与服务成本

1. 精饲料费

精饲料费指调查期内实际耗用的精饲料的成本。精饲料包括粮食、豆类、配合饲料、混合饲料、麸皮、豆饼、油籽饼、饲料添加剂和添加物等。购进的饲料按照实际购进价格加运杂费计算，自产的按照正常购买期市场价格计算。

2. 青粗饲料费

青粗饲料包括实际耗用的野生采集植物、秸秆粉碎物及各种青粗饲料。购进的按实际购进价加运杂费计算，自产、自采的按照市场价格计算（其用工不计入用工数量），难以取得市场价格的按照实际发生的成本或市县成本调查机构统一规定的价格计算。

3. 饲料加工费

指由他人加工饲料的成本。生产者自己加工饲料的，如加工饲料的数量较少，可视同由他人加工，并参照当地由他人加工饲料的平均成本计算；如加工饲料的数量较多，经营者自己及其雇工加工饲料时发生的支出分别计入相关成本和用工中，不计入饲料加工费。

4. 水费

指在生产过程中加工饲料、清洗和排灌等用水作业而实际支付的水费。

5. 燃料动力费

6. 医疗防疫费

指用于禽畜注射疫苗、治疗疾病、对鱼池和场地消毒等发生的成本支出。

7. 死亡损失费

指按照当地正常饲养条件下社会平均死亡率计算的损失费。

死亡损失费＝调查期内平均每头死亡畜禽发生的
各项直接成本×社会平均死亡率

8. 技术服务费

9. 工具材料费

10. 修理维护费

11. 其他直接成本

其他直接成本指与生产过程有关的未包括在上述各项之中的成本，以及应计入成本的不用分摊的成本支出，如青贮用尿素、液氨支出，淡水鱼养殖投入的化肥、粪肥和饼肥支出，畜舍用塑料支出等。

12. 固定资产折旧

奶牛的固定资产原值按奶牛犊转为产奶牛时的市场价格计算。

固定资产按分类折旧率计提折旧。畜牧业各类固定资产参考折旧率为：生产专用房和永久性栏棚8％，简易棚舍（牲畜棚、猪舍和鸡笼等）25％，机械设备、动力设备、电器设备、运输工具等设备类12.5％，产畜（奶牛等）按生产周期确定，其他固定资产折旧率均按20％计算。

13. 税金

税金指生产者缴纳的产品税、销售税、屠宰税等各种税金支出，结合产量或产值在纳税产品上分摊。

14. 保险费

保险费指生产者购买农业保险所实际支付的保险费，按照保险类别分别或分摊计入有关品种。

15. 管理费

16. 销售费

17. 财务费

（二）人工成本

指生产过程中直接使用的劳动力和成本，包括雇工费用和家庭用工作价两部分。

（三）土地成本

指生产者为获得饲养场地（包括土地及其附着物，如猪舍、养鱼池等）的经营使用权而实际支付的租金或承包费。以实物形式支付的按支付期市场价格折价计入，每年支付的按当年实际支付金额计算，承包期一年以上而一次性支付租金或承包费的按年限分摊后计入。承包后的场地用于多业或多品种经营的，租金或承包费应先按各业分摊，饲养业应分摊部分再按产值或饲养数量

（养殖面积）在各品种之间分摊。不在承包场地上饲养的品种不要分摊租金或承包费。

总成本指生产过程中为生产该产品而投入的各项资金（包括实物和现金）和劳动力的成本，反映了为生产该产品而耗费的除土地外其他各种资源的成本。

三、畜牧业产品成本的核算

（一）养猪业产品成本的核算

1. 基本猪群的产品成本计算

基本猪群是指母猪、种公猪和 2 个月以内未断奶仔猪。主产品为繁殖的仔猪，副产品为厩肥、猪鬃、配种收入和死猪的残值等。断奶仔猪的全部成本是由基本猪群的母猪、种公猪和 2 个月以内未断奶仔猪的饲养成本构成的。对副产品按固定价格或销售价格确定其价值后，再从基本猪群饲养成本中减去副产品的价值，即为主产品的总成本。然后按一定的计算方法分别计算出仔猪出生活重的单位成本（繁殖单位成本）和出生后 2 个月内增重的单位成本以及仔猪的活重单位成本。在计算 2 个月以内仔猪的增重成本时，其增重量应包括仔猪出生时的重量在内。仔猪增重和活重成本计算公式为：

$$\text{仔猪出生活重和 2 个月内增重单位成本} = \frac{\text{基本猪群全部饲养成本} - \text{副产品价值}}{\text{出生活重} + \text{出生后 2 个月内的增重}}$$

$$\frac{\text{仔猪活重}}{\text{单位成本}} = \frac{\text{期初结转未断奶仔猪的价值} + \text{基本猪群全部饲养成本} - \text{副产品价值}}{\text{本期断奶仔猪转群时总活重} + \text{期末结转未断奶仔猪的活重}}$$

求出仔猪活重单位成本后，即可分别计算出断奶仔猪和期末结存未断奶仔猪的总成本以及每头仔猪的平均成本。其计算公式为：

$$\text{断奶（或未断奶）仔猪总成本} = \text{断奶（或未断奶）仔猪的总活重} \times \text{仔猪活重单位成本}$$

$$\text{每头断奶（或未断奶）仔猪成本} = \frac{\text{断奶（或未断奶）仔猪总成本}}{\text{断奶（或未断奶）仔猪头数}}$$

例题 12 某养猪专业户的基本猪群生产有关资料如下：上期结转未断奶仔猪 40 头，活重 160 千克，成本 264.10 元；期内繁殖仔猪 80 头，出生时活重 76 千克，出生后 2 个月增重 360 千克；期内转群断奶仔猪 60 头，活重 508 千克，死亡未断奶仔猪 7 头，活重 13 千克；期末未断奶仔猪 53 头，活重 75 千克；本期发生饲养成本 810.40 元，副产品价值 200 元。计算基本猪群的仔猪、断奶仔猪、未断奶仔猪的有关成本。

解 仔猪出生活重和 2 个月内增重单位成本＝(810.40－200)÷(76＋360)

$$＝1.4(元/千克)$$

仔猪活重单位成本＝ (264.10＋810.40－200) ÷ (75＋508)

$$＝1.50 (元/千克)$$

断奶仔猪的总成本＝1.5×508＝762 (元)

未断奶仔猪的总成本＝1.5×75＝112.5 (元)

每头断奶仔猪成本＝762÷60＝12.7 (元)

每头未断奶仔猪成本＝112.5÷53＝2.12 (元)

2. 幼猪及育肥猪产品成本计算

幼猪是指 2～4 个月的猪，育肥猪是指 4 个月以上的猪。幼猪及育肥猪的主产品是增重量，其副产品是厩肥、猪鬃以及死猪的残值。幼猪及育肥猪可计算增重成本和活重成本。其成本计算公式为：

幼猪 (育肥猪) 增重量＝期末存栏活重＋本期离群 (出售、死亡、转群)
活重－期初结存活重－本期转入活重

$$幼猪 (育肥猪) 增重单位成本＝\frac{全年饲养成本－副产品价值}{幼猪 (育肥猪) 增重量}$$

本期离群 (销售) 猪活重总成本＝本期离群 (销售) 总活重量
×该群活重单位成本

期末存栏猪活重总成本＝期末存栏总活重量×该群活重单位成本

例题 13 上例养猪专业户全年幼猪及育肥猪有关核算资料如下：期初存栏幼猪及育肥猪 20 头，活重 1 000 千克，成本 700 元，年内转入幼猪 60 头，活重 508 千克，成本 7 620 元；年内出售育肥猪 45 头，活重 2 700 千克，死亡 2 头，活重 140 千克；年末存栏 33 头，活重 1 168 千克；全年饲养成本 22 500 元，副产品价值 2 500 元；全年饲养日数 9 000 个。计算幼猪和育肥猪的有关成本。

解 幼猪 (育肥猪) 增重单位成本＝(22500－2500) ÷ (1168＋2840－

$$1000－508) ＝8 (元/千克)$$

幼猪 (育肥猪) 活重单位成本＝(7000＋22500＋7620－2500) ÷

$$(1168＋2840) ＝8.64 (元/千克)$$

年内销售猪活重总成本＝2700×8.64＝23328 (元)

年末存栏猪活重总成本＝1168×8.64＝10091.52 (元)

为了考核养猪饲养费水平，还可计算各猪群的饲养日成本。公式为：

$$某猪群饲养日成本＝该猪群饲养成本/该猪群饲养日数$$

幼猪育肥猪饲养日成本＝22500÷9000＝2.5（元/日）

（二）养牛业产品成本的核算

养牛业按生产目的分为：役牛、肉用牛、奶牛三类。肉用牛主产品是增重，副产品是厩肥、脱落的牛毛及死畜的残值等，其成本计算方法与养猪业相同。役牛主要供生产使役，其成本核算方法与养马业基本相同。现以饲养奶牛为例，说明其产品成本计算方法。

养奶牛可以获得主、副两种产品，基本牛群的主产品是牛奶和繁殖的犊牛，它们是同一生产过程所获得的，一般称为联产品。为了分别计算牛奶和犊牛的成本，需要将主产品的全部成本分配到两种主产品的成本中。计算犊牛和牛奶的成本，可采用固定价格法、比例分配分离法和牛奶价值法等进行计算。

1. 固定价格法

把牛奶作为主产品，繁殖的犊牛按固定价格作副产品处理。

2. 比例分配分离法

与农作物主副产品成本分离的方法基本相同。

3. 牛奶价值法

把犊牛的价值统一换算成牛奶的价值。换算的依据是：母牛生产犊牛前100天内消耗在犊牛发育上的饲料单位，相当于母牛在正常生产情况下生产100千克牛奶所消耗的饲料单位。所以，通常把一头犊牛的价值折合为100千克牛奶的价值。其计算公式为：

$$牛奶单位成本＝\frac{基本牛群全部饲养成本－副产品价值}{牛奶总产量＋繁殖犊牛头数×100}$$

$$每头犊牛出生成本＝牛奶单位成本×100$$

例题 14　某饲养奶牛专业户，全年基本牛群的饲养成本38 000元，厩肥价值1 500元，生产牛奶45 000千克，繁殖犊牛30头。计算牛奶和牛犊成本。

解　牛奶单位成本＝（38000－1500）÷（45000＋30×100）

　　　　　　　＝0.76（元/千克）

　　　牛奶总成本＝45000×0.76＝34200（元）

　　　每头犊牛成本＝100×0.76＝76（元）

　　　犊牛总成本＝30×76＝2280（元）

（三）养马业产品成本的计算

养马业的产品成本核算分为基本马群、当年生幼马群、二年生幼马群、三年生幼马群四个群别，分别计算基本马群繁殖马驹的每匹成本和各年龄幼马群的生长量成本。

养马的目的是为了培育种马和役用马。因此，基本马群的主产品是当年繁殖的马驹，幼马群的主产品是马的生长量。它们的副产品是厩肥、马尾、死畜残值、配种收入以及役用马的畜力作业收入等，副产品的价值通常按售价计算。基本马群繁殖马驹成本的计算公式为：

$$当年生马驹每匹成本＝\frac{基本马群的饲养成本－副产品价值}{当年出生马驹匹数（成活数）}$$

各幼马群的主产品成本，就是生长量成本，一般用饲养日成本表示。反映生长量成本的饲养日成本和前面计算的饲养日成本不同。这里的饲养日成本是幼马不计算增重的情况下来考核产品成本的指标，所以计算时要从各畜群的饲养成本中减去副产品价值，各幼马群生长量的饲养日成本计算公式为：

$$\frac{幼马群生长量}{的饲养日成本}＝\frac{该幼马群的饲养成本＋该幼马群死亡幼马原价－副产品价值}{该幼马群的饲养日数（不包括死马的饲养日数）}$$

幼马在年内出售或转群时，其成本可按下列公式计算：

$$幼马出售（转群）成本＝幼马原成本＋（本期饲养日数×本期生长量的饲养日成本）$$

例题 15 某农场的种马场 2010 年生的幼马（3 年生幼马）有关成本核算资料如下：年初存栏 200 匹，价值 108 000 元；当年饲养成本 43 600 元；副产品价值 400 元；当年饲养头日总数 1 850 个。其中：出售 150 匹（9 个月的 140 匹，10 个月的 10 匹）；转群 10 个月的 20 匹；死亡 5 个月的 10 匹；结存 12 个月的 20 匹。计算幼马出售成本、幼马转群成本、幼马结存成本。

解 幼马年初每匹价值＝108000÷200＝540（元）

幼马生长量饲养头日成本＝（43600－400）÷（1850－10×5）＝24（元）

幼马出售成本＝150×540＋（140×9＋10×10）×24＝113640（元）

平均每匹出售成本＝113640÷150＝757.60（元）

幼马转群成本＝20×540＋20×10×24＝15600（元）

平均每匹转群成本＝15600÷20＝780（元）

幼马年末结存成本＝20×540＋20×24×12＝16560（元）

（四）养羊业产品成本的计算

养羊业包括绵羊、山羊、奶山羊等。奶山羊的产品成本计算方法与奶牛基本相同，山羊的产品成本计算与绵羊相似，现以绵羊为例，说明养羊业的产品成本计算。

饲养绵羊的目的在于取得羊毛或羊皮。绵羊按照羊毛质量的不同，可分为

细毛羊、半细毛羊和粗毛羊等几类。无论哪一类绵羊，进行成本核算时，一般
都划分为基本羊群、当年生幼羊群、往年生幼羊群、去势羊和非种用公羊群四
个群别。基本羊群的主产品是羊毛和羊羔，副产品是羊粪、羊奶、对外配种收
入；当年生幼羊群和往年生幼羊群的主产品是增重和羊毛，副产品是死亡幼羊
的皮张等；去势羊和非种用公羊群的主产品是羊毛，副产品是羊粪。各羊群的
饲养成本减去副产品价值，就是各羊群的主产品成本。

　　各羊群的主产品，除去势羊和非种用公羊只有一种外，其余各羊群都有两
种。因此，各羊群的饲养成本减去副产品价值后，必须在两种主产品之间进行
分配。分配的方法有比率法和固定比例法等。比率法和农作物主、副产品成本
分离的方法基本相同。固定比例法，就是根据经验数据，确定羊毛、羊羔或增
重各占总成本的百分比，据以计算各种主产品的实际成本。采用固定比例法
时，各羊群各种主产品成本分配比例见表3-8。

表 3-8　绵羊各群主产品成本分配比例表

	细羊毛			半细羊毛			粗羊毛		
	羊毛(%)	羔羊(%)	增重(%)	羊毛(%)	羔羊(%)	增重(%)	羊毛(%)	羔羊(%)	增重(%)
基本羊群									
本年生幼群									
往年生幼群									
去势羊及非种用公羊									

　　例题 16　某养羊专业户饲养细毛羊，其基本羊群饲养成本为6 900元，副
产品价值120元，全年剪羊毛600千克，产羊250只。计算羊毛和羊羔成本。

　　解　基本羊群主产品总成本＝6900－120＝6780（元）

　　　　基本羊群的羊毛总成本＝6780×50%＝3390（元）

　　　　羊毛单位成本＝3390÷600＝5.65（元/千克）

　　　　羊羔总成本＝6780×50%＝3390（元）

　　　　羊羔单位成本＝3390÷250＝13.56（元/头）

　　在实际工作中，由于羊羔不便称重，故按每头计算成本。

（五）养鹿业产品成本的计算

　　养鹿业生产的目的在于取得鹿茸和仔鹿。实际工作中，为了准确核算养鹿
业产品成本，一般实行分群核算。将鹿群划分为当年生幼鹿、往年生幼鹿、种
公鹿和母鹿四个群别。公鹿群的主产品是鹿茸；母鹿群的主产品是仔鹿；当年
生幼鹿和往年生幼鹿的主产品是生长量。各群别的副产品有：鹿尾、鹿鞭、鹿

皮、鹿胎（可加工的死亡仔鹿）、胎盘、托盘、鹿血、肉、腱、鹿粪等。这些副产品价值很高，有的是贵重药材，可按市场价格计价。各幼鹿群初产的鹿茸，数量较少的可作副产品处理；数量较大时，可按成年鹿所产鹿茸的平均成本计算。

养鹿业产品成本核算的指标有：生产总成本、主产品成本、主产品单位成本、饲养日成本、生长量饲养月成本和幼鹿群总成本等。其计算公式为：

$$公鹿群主产品鹿茸单位成本 = \frac{该群饲养成本总额 - 副产品价值}{鹿茸总产量}$$

$$母鹿群主产品单位成本 = \frac{该群饲养成本总额 - 副产品价值}{期内离群头数 + 期末存栏头数}$$

$$幼鹿群生长量饲养月成本 = \frac{该群饲养成本总额 - 副产品价值}{幼鹿群的饲养月数}$$

$$幼鹿出售或转群的成本 = 幼鹿期初存栏成本 + 本期饲养月成本 \times 饲养月数$$

（六）养禽业产品成本的计算

养禽业生产包括养鸡、养鸭、养鹅、养鸽、养鹌鹑等，这些禽类的产品成本核算基本相同。分群核算时可分为：基本禽群、幼禽和育肥禽群、人工孵化群三个群别。

1. 基本禽群

基本禽群的主产品是禽蛋，副产品是羽毛和禽粪等。成本计算指标是禽蛋的单位成本。其计算公式为：

$$禽蛋单位成本 = \frac{该群饲养成本总额 - 副产品价值}{全年禽蛋产量}$$

2. 幼禽及育肥禽群

幼禽及育肥禽群的主产品是增重量，副产品是羽毛和禽粪，幼禽及育肥禽群所产的蛋，一般也作为副产品处理。成本计算的指标有：增重单位成本和每只幼禽及育肥禽成本。其计算公式为：

$$幼禽及育肥禽增重单位成本 = \frac{该群饲养成本总额 - 副产品价值}{增重量}$$

$$每只幼禽及育肥禽成本 = \frac{期初价值 + 转入价值 + 当期饲养成本 - 副产品价值}{期末饲养只数 + 转群和出售只数}$$

3. 人工孵化禽群

人工孵化禽群是指从种蛋入孵至雏禽出孵一昼夜为止。其主产品是孵出一昼夜的雏禽，副产品为"废蛋"。成本计算的主要指标是每只雏禽成本。其计算公式为：

$$每只雏禽成本=\frac{全部孵化成本-副产品价值}{成活一昼夜的雏禽只数}$$

需要说明的是,养禽业也应计算饲养日成本,其计算方法与养猪业基本相同。

■ 案 例 解 惑

牛奶单位成本=(200000-20000)÷(350000+50×100)=0.45(元/千克)
仔牛单位成本=0.45×100=45（元/头）

模块四　副业产品成本的核算

■ 案 例 导 入

某磨面房在期内加工小麦 900 吨，每吨 548 元，计 246 600 元，加工成本为 24 700 元；产出面粉 707 吨，麦麸 154.84 吨。麦麸的价格为 70 元/吨，共计 10 838.8 元。

◆ 面粉单位成本、每吨小麦加工费、每吨面粉加工费以及出品率是多少?

一、面粉加工的成本计算

面粉加工的主产品是面粉，副产品是麦麸。一般要计算主产品单位成本，每吨原粮加工费。每吨成品粮（面粉）加工费以及出品率等指标,其计算公式为:

$$面粉单位成本=\frac{原粮价值+加工费-副产品价值}{主产品总产量}$$

$$每吨小麦加工费=加工费/加工原粮总吨数$$

$$每吨面粉加工费=加工费/加工面粉总吨数$$

$$出品率=\frac{产品成品数量}{耗用原粮数量}\times100\%$$

例题 17　某磨面房在期内加工小麦 450 吨，每吨 274 元，计 123 300 元，加工成本为 12 350 元；产出面粉 353.5 吨，麦麸 77.42 元。麦麸的价格为 70 元/吨，共计 5 419.4 元。计算面粉单位成本、每吨小麦加工费、每吨面粉加工费以及出品率。

解　面粉每吨成本＝（123300＋12350－5419.4）÷353.5＝368.4(元)

每吨小麦加工费＝12350÷450＝27.44（元）

每吨面粉加工费＝12350÷353.5＝34.94（元）

出品率＝353.50÷450×100％＝78.56％

二、碾米的成本计算方法

碾米的原粮有水稻、高粱、谷子等。其成品为大米、高粱米、小米等。由于同一台碾米机可以碾制各种粮米，只是根据原料的不同更换机芯。所以，在成本计算期内，一般可按作业班次或加工小时数，分配加工成本。计算公式为：

> 每个班次应分配的加工费＝全部成本/全部开工班次数
>
> 某产品应分配的加工费＝某产品加工班次数×班次加工费
>
> 碾米总成本＝原粮价值＋加工费－副产品价值

例题 18　某碾米房，本月开工 32 班次，其中 12 班次加工水稻 20 吨，价值 6 400 元，产出大米 13 吨，收回副产品稻糠价值 240 元；20 班次加工谷子 30 吨，原粮 7 200 元，产出小米 18 吨。收回副产品谷糠价值 260 元，本月份的加工费共计 3 200 元。计算水稻、谷子等有关成本。

解　（1）分配加工费。

每一班次加工费＝3200÷32＝100（元）

大米应分配加工费＝12×100＝1200（元）

小米应分配加工费＝20×100＝2000（元）

（2）计算产品总成本。

大米总成本＝6400＋1200－240＝7360（元）

小米总成本＝7200＋2000－260＝8940（元）

（3）计算主产品单位成本。

大米单位成本＝7360÷13000＝0.57（元/千克）

小米单位成本＝8940÷18000＝0.50（元/千克）

（4）计算原粮加工费。

水稻加工费＝1200÷20＝60（元/吨）

谷子加工费＝2000÷30＝66.67（元/吨）

（5）计算出品率。

大米出品率＝13÷20×100％＝65％

小米出品率＝18÷30×100％＝60％

三、榨油的成本计算方法

在榨油的生产过程中，产出食油和油饼两种主产品。在核算中，同一生产过程使用同一主要原料，生产出两种或两种以上的主产品，称为联产品，其生产成本可按市价比例法在联产品之间进行分配。

例题 19　某油坊榨油生产耗用大豆 20 吨，每吨 680 元，计136 000 元，产出豆油 27 吨，每吨市价1 620元；产出豆饼 165 吨，每吨市价 200 元，共收回副产品价值 50 元，共发生加工费及管理成本1 000元。计算榨油及豆饼成本。

解　榨油总成本＝136000＋1000＝14600（元）

主产品总成本＝146000－500＝145500（元）

主产品成本分配率＝145500÷（27×1620＋165×200）×100％
　　　　　　　＝189.60％

豆油总成本＝27×1620×189.60％＝82931（元）

豆饼总成本＝165×200×189.60％＝62568（元）

豆油每千克成本＝82931÷27000＝3.07（元）

豆饼每千克成本＝62568÷165000＝0.38（元）

四、酿酒的产品成本计算方法

酿酒的主产品是白酒，副产品是酒糟。从酿酒的生产成本总额中减去副产品价值，就是主产品白酒的总成本，再除以白酒的总产量，即可计算出主产品白酒的单位成本。如果酿酒厂的主产品是几种度数不同的白酒，为了分别计算不同度数白酒的成本可采用产值比率法或市价比例法进行成本分离。

■■ 案 例 解 惑

面粉每吨成本＝（246600＋24700－10838.8）÷707＝368.40（元）

每吨小麦加工费＝246600÷900＝274（元）

每吨面粉加工费＝24700÷707＝34.94（元）

出品率＝707÷900×100％＝78.56％

模块五　渔业总成本的核算

■■ 案 例 导 入

某养鱼专业户在池塘养殖多年放养，一次捕捞的成鱼5 000尾，以往年度发生成本20 000元，当年成鱼池发生成本 8 000 元，捕捞成鱼3 000千克。

◆ 每千克成鱼成本是多少？

　　渔业生产包括水生动植物的育苗、养殖和天然捕捞。养殖分为淡水养殖和海水养殖，淡水养殖包括孵化鱼苗和成鱼生产；海水养殖包括养殖海带、紫菜、虾蟹、牡蛎等。这里重点介绍淡水养鱼的总成本核算方法。

　　淡水养鱼，一般采用多品种同塘混养的方法，饲养成本不易划分，同时，鱼是在水下生活的，它的生长、死亡、增重、增殖，不易观察、测定，在产品难以盘点。鉴于当前农村养鱼专业户大多数是以成鱼生产为目的，为了简化核算，以成鱼养殖为主要核算对象，用简单法计算成鱼成本。在养鱼业发达的地区，也可以核算鱼苗、鱼种（或幼鱼）等阶段的总成本。

一、渔业产品成本的构成

1. 人工成本

　　人工成本指直接生产人员的工资和福利费。

2. 种苗

　　种苗指购入和自繁的鱼苗、种苗的价值。

3. 饲料

　　饲料指外购和自产的各种饲料和肥料的价值。如豆饼、菜子饼、花生饼、萍草和人畜肥料等。

4. 材料

　　材料指直接用于养殖、捕捞各种水产品所需的物资材料的价值。

5. 其他直接费

　　其他直接费指生产经营过程中发生的不属于以上各项的其他直接成本，如清塘费、堤坝和鱼池的修理费等。

6. 共同生产费

　　共同生产费指由几种产品生产共同负担的成本。成鱼生产采取哪年捕捞收获，总成本就摊入哪年产品的办法。春季放养、冬季捕捞的成鱼，其鱼种、饲养和捕捞等成本全部列入当年产品成本。冬季放养、跨年捕捞或者分塘、分池饲养，年内尚未下网捕捞的水库，池塘内的成鱼，其当年的饲养成本也全部列入当年产品成本。当年投放的鱼种成本或当年没有产品的饲养成本可作为在产品结转下年。上年结转的鱼种成本，全部作为本年产品的成本。繁殖鱼苗用的新鱼，可根据年末存塘数量计算在产品，按固定价格结转下年。

二、渔业成本的计算

1. 鱼苗或鱼种的总成本

　　包括育苗、育种过程中发生的全部成本，通常以万尾为计算单位。其计算公式为：

$$每万尾鱼苗成本＝\frac{育苗总成本}{鱼苗总产量（万尾）}$$

例题 20 某水产养殖户鱼苗育苗期的全部成本为 6 500 元，育成鱼苗 200 万尾。计算每万尾鱼苗成本。

解 每万尾鱼苗成本＝6500÷200＝32.5（元）

2. 成鱼成本的计算

包括成鱼饲养期的全部成本和转入成鱼池的幼鱼（鱼苗）成本。其计算公式为：

$$成鱼单位成本＝\frac{上期结转鱼池成本＋本年转入成鱼池的鱼苗成本＋本年成鱼成本}{成鱼总产量}$$

例题 21 某养鱼专业户在池塘养殖多年放养，一次捕捞的成鱼 15 000 尾，以往年度发生成本 70 000 元，当年成鱼池发生成本 26 000 元，捕捞成鱼 10 000 千克。计算每千克成鱼成本。

解 每千克成鱼成本＝（70000＋26000）÷10000＝9.6（元）

如果需要计算不同品种的成鱼（如草鱼、鲢鱼、鲤鱼等）成本时，一般可按成鱼销售收入（或养鱼面积）的比例进行成本分离。其计算公式为：

$$分配率＝\frac{成鱼总成本}{成鱼的销售总收入（或养鱼面积）}×100\%$$

$$某种成鱼成本＝该种成鱼销售收入（或养鱼面积）×分配率$$

各种成鱼成本除以该种成鱼的产量，就是单位产品（千克）成本。

案 例 解 惑

每千克成鱼成本＝（20000＋8000）÷3000＝9.3（元）

能 力 转 化

● **简答题**

1. 简述种植业产品成本的构成。

2. 归纳总结农产品主产品单位成本的计算公式。

● **社会调查**

对当地农业中的重要产业之一进行成本调查，并进行成本计算。

项目四　农业经济效益的核算

学 习 目 标

知识目标　掌握农业经济效益的核算和评价的方法。
技能目标　会进行农业经济效益的核算和评价。
情感目标　培养职业思考的意识。

模块一　盈利核算及经济效益评价的基本概念

案 例 导 入

> 某农户从事蔬菜生产，为了降低成本，使用了许多高毒农药。高毒农药不仅对周围的空气、土壤和水造成了极大的危害和影响，而且对农户自身的健康也造成了危害。
>
> ◆ 农户单纯追求经济效益是否正确？

一、农业盈利核算

农业盈利是指农业收入扣除成本和支出后的余额，是农业生产部门或经营组织实现的利润总额，因此，盈利的核算实质上就是利润的核算。利润的核算是农业经济核算的又一重要内容，包括绝对指标和相对指标两部分内容。

（一）绝对指标

利润额是农业生产部门生产经营成果的集中反映，是生产部门在一定时期内的主营业务和副营业务总收入扣除所有成本后的差额，差额为正，即为利润，差额为负，则为亏损。其计算公式为：

$$利润总额＝营业利润＋营业外收入－营业外支出$$

利润总额只能说明利润数量的多少，不能反映利润水平的高低。因为利润额的多少，不仅取决于生产部门的生产经营成果，而且还取决于生产规模，所以在考核不同规模生产部门或单位的利润情况时，准确的考核应该是比较利润率的高低。

（二）相对指标

利润率指标有三种不同的表现形式，分别是成本利润率、产值利润率、资金利润率，这三个指标从不同角度反映了农业生产部门的盈利水平。

1. 成本利润率

成本利润率是农业生产部门的利润总额与产品成本总额的比率。用公式表示为：

$$成本利润率 = \frac{利润总额}{产品成本总额} \times 100\%$$

该指标表明了投入一元成本所创造利润的数额。农业生产部门或生产经营单位应尽可能提高该指标，以便以最少的消耗，创造出尽可能多的利润。

2. 产值利润率

产值利润率是农业生产部门的年利润总额与年生产总值的比率。用公式表示为：

$$产值利润率 = \frac{年利润总额}{年生产总值} \times 100\%$$

该指标表明了每一元产值所包含的利润数额。指标值越大对生产部门越有利。

3. 资金利润率

资金利润率是生产部门的年利润总额与年占用资金总额的比率。用公式表示为：

$$资金利润率 = \frac{年利润总额}{年占用资金总额} \times 100\%$$

该指标表明了生产部门占用一元资金，所创造的利润数额。能够全面反映生产部门资金利用的效果，有利于促使生产部门更加合理地使用所拥有或控制的资金。

二、农业经济效益评价的概念与基本原则

1. 农业经济效益评价的概念

农业经济效益评价是指对同一技术方案在不同地区、不同生产单位和不同年份的技术经济效果，或不同技术方案在同一生产经营条件下的技术经济效果所作的计算、分析和比较。

2. 农业经济效益评价的原则

（1）价值与使用价值相统一的原则。

（2）经济效益、社会效益和生态效益相统一的原则。

(3）技术效果和经济效益相统一的原则。

（4）当前利益与长远利益相统一的原则。

（5）局部利益与全局利益相统一的原则。

■ 案 例 解 惑

农业经济效益的评价应遵循价值与使用价值相统一的原则、经济效益、社会效益和生态效益相统一的原则、技术效果和经济效益相统一的原则、当前利益与长远利益相统一的原则、局部利益与全局利益相统一的原则。

模块二 农业经济效益评价的指标体系及评价方法
■ 案 例 导 入

> 某农户预期生产水稻 10 000 千克，预期价格 1.8 元/千克。实际生产水稻 9 500 千克，价格为 2 元/千克。实际比预期增加了 1 000 元收入。
> ◆ 如何运用因素分析法分析产销量和价格因素对收入的影响。

一、农业经济效益评价的指标体系

农业生产的特点和社会需要的复杂性，决定了农业经济效益评价的复杂性。农业经济效益可以从不同角度进行全面评价，这就需要设置和运用一整套相互联系、相互补充的指标来具体反映农业经济效益的大小。这些相互联系、相互补充的指标构成了农业经济效益评价的指标体系。现实生产中常用的农业经济效益评价指标有农业土地生产率、农业劳动生产率、农业资金生产率、农业纯收益和农产品成本等。

1. 农业土地生产率

农业土地生产率是产量或产值与相应农业土地面积的比值，反映的是单位土地面积所创造的农产品产量或产值的高低。其计算公式如下：

$$农业土地生产率＝农产品产量（或产值）/农业土地面积$$

在不考虑其他条件的情况下，该指标越大，经济效益越好。但如果考虑物化劳动和活劳动投入的因素，并不是产量或产值越高，经济效益就越好。因此，在实际评价时，一般都同时采用单位土地面积净产值和单位土地面积盈利率两项指标。

$$单位土地面积净产值=\frac{农产品产值-物质生产成本}{土地面积}$$

$$单位土地面积盈利率=\frac{农产品产值-生产成本}{农业土地面积}$$

2. 农业劳动生产率

农业劳动生产率是农业活劳动消耗和农产品产量（或产值）的比例关系。反映单位劳动时间生产出的农产品数量，或者单位农产品所消耗的劳动时间。它表明农业劳动者生产农产品的效率，用公式表示如下：

$$农业劳动生产率=农产品产量（或产值）/农业活劳动时间$$

一般来讲，单位劳动时间生产出的农产品数量越多或者单位农产品所消耗的劳动时间越少，农业的经济效益越好；反之，农业经济效益越差。该指标反映的是时点指标，属于静态指标。要想掌握农业经济效益的动态情况，就要用农业劳动生产率增长率指标。

农业劳动生产率增长率指标是一定时期内农业劳动生产率增长量与基期农业劳动生产率的比率。用公式表示如下：

$$农业劳动生产率增长率=\frac{报告期的农业劳动生产率-基期的农业劳动生产率}{基期的农业劳动生产率}$$

该指标值越大，对生产经营者越有利。反之，农业的动态经济效益越差。

3. 农业资金生产率

农业资金生产率是指在一定时期内农业资金运用所取得的生产成果与资金投入（或消耗）的比率。在一定时期内，单位资金消耗所取得的农业生产成果越多，经济效益越好。反之，经济效益越差。由于农业资金投放的项目不同，所取得的成果各异，因此，评价时所用的指标也不一样。常用的指标有单位投资新增生产能力、单位资金农产品产量、农业资金产值率和农业资金利润率等指标。其计算公式如下：

$$单位投资新增生产能力=某时期新增生产能力/某时期的投资总额$$

$$单位资金农产品产量=农产品总产量/农业投资额$$

$$农业资金产值率=\frac{农业总产值}{农业投资额}\times100\%$$

$$农业资金利润率=\frac{年利润总额}{农业投资总额}\times100\%$$

4. 农业纯收益

农业纯收益是农业总产值扣除生产成本和税金后的余额，即农业净利润。它反映了农业企业或经营组织在一定时期内从事生产经营活动的最终效益。农业纯收益越多，经济效益就越好。反映农业纯收益的主要指标有以下几个：

单位面积纯收益＝纯收益额/耕地面积（或播种面积）
单位资金纯收益率＝单位面积纯收益额/单位面积资金占用额
农业产值纯收益率＝纯收益额/农业总产值
单位成本纯收益率＝农业纯收益额/农业生产成本
人均年产收益额＝年农业纯收益额/该年农业人口数

5. 农产品成本

农产品成本是指生产农产品所消耗的活劳动和物化劳动的货币表现。它是反映资金消耗经济效果的主要指标，通常用单位农产品成本或成本产出率两个指标反映，计算公式为：

单位农产品成本＝农业品总成本/农产品总产量
成本产出率＝农产品产量（或产值）/农产品成本

单位农产品成本越低，产出率越高，农业的经济效益越好。

二、农业经济效益评价的步骤与方法

（一）评价农业经济效益的步骤

1. 确定评价对象

评价对象一般有两类，一是单项经济效益的评价，二是综合经济效益的评价。确定评价对象要符合实际，对今后指导经济活动有帮助，不能毫无目的地为评价而评价。

2. 搜集资料

搜集资料有两个途径，一是通过科学实验获得资料，二是通过调查研究获得原始资料。对搜集到的资料要进行整理、分类、排序、计算、分析，为评价提供依据。

3. 选择评价方法

评价方法有多种，如下所述，要正确选择。

4. 进行评价

评价的依据是：技术上的先进性，生产上的可行性，经济上的合理性，即高产、优质、高效、省工、节本。

5. 得出评价结论和改进建议

评价结论要实事求是，要综合自然、经济、技术和社会等各方面的因素进行分析评价。天时、地利、人和、经济和技术，是主要的因素，应综合分析评价，不能偏废，以得出正确的评价结论。

（二）评价农业经济效益的方法

常用方法主要有平行比较法、因素分析法、权重评分法等。

1. 平行比较法

平行比较法是将两个相互联系的经济指标，如实绩与计划、本期与上期、本单位与同行业等，进行比较分析，以找出差距和存在的问题，并查明原因及其影响程度，提出解决问题的措施和方法，以促进经营实体生产经营活动的顺利进行。运用此方法时，必须注意：

（1）相对指标反映的比例关系必须符合实际，有实际意义。

（2）两个指标必须具有可比性。

（3）进行对比分析，必须运用绝对可靠的数据。

这种方法常用于不同农业生产技术措施的投资、用工、成本、产量、效益等指标的对比分析；或对某一生产技术措施在不同作物、不同地区和不同年份之间的对比分析。

2. 因素分析法

因素分析法又称"连锁替代法"或"连环替代法"，是用来分析各种因素对经济指标总体变动影响程度的一种方法。在进行分析时，首先要将各因素进行排序，在假定其他因素不变的情况下，逐一分析每一因素变化对总体的影响程度。接着采用逐个替代方法，直至将各因素都分析完。最后是分析、比较各个因素，从中找出影响经济效益的主要因素、次要因素，为生产经营活动提供决策依据。

这里需要说明的是，因素分析法所得出的结论受替代顺序的影响，替代顺序不同，得出的结论可能不同。要消除不同替代顺序产生的误差，应用差额分配法或平均法解决。

3. 权重评分法

权重评分法主要用于综合评价，它是将不同经营实体或同一经营实体的不同经营方案的多个指标（或经济效益、生态效益、社会效益）赋予权重值，对多个指标（或经济效益、生态效益、社会效益）逐项打分，然后算出每个经营实体或经营方案的加权平均分，从而分析比较每个经营实体或经营方案的效益优劣。

其操作步骤如下：

（1）确定评价指标。每个备选方案都有很多反映方案经济效益大小的评价指标，具体评分时应选择对整个方案的目标影响较大的指标参加评分。

（2）确定各指标的评分标准。根据具体情况和历史资料对各指标进行分级，通常按五级评分制，即 5 分为最高，1 分为最低，中间状态的按 1 分的级差评分。

（3）确定各项评分指标的权重。由于各评价指标在整个方案中所占的地位和重要程度不同，评分时应根据各个项目的不同情况确定其权重。每个项目的权重，用它在整个评分中所占的比重来表示，各个指标权重之和为 1（100%）。

（4）编制综合评分决策表。对各备选方案的得分进行汇总，得到每个方案的加权总分值，比较后选出最佳方案。

在具体应用农产品经济效益评价方法时，首先要注意检查核算资料的真实性、准确性，还要注意选取的对比资料的准确性、科学性和代表性，否则再科学的分析方法也得不出正确的结论。其次要区分影响成本升降的主观因素和客观因素，正确评价管理工作，分清责任。这样才能起到分析的目的，从而更好地指导今后的农业生产工作。

■ 案 例 解 惑

1. 实际产销量比预期产销量减少对销售收入的影响程度：

$$（9500-10000）\times 1.8=-900（元）$$

2. 实际价格比预期价格增加对销售收入的影响程度：

$$9500\times（2-1.8）=1900（元）$$

3. 实际销售收入与预期销售收入的差异的绝对值为：

$$-900+1900=1000（元）$$

从上述计算可知，产销量和价格均影响销售收入，但价格变化的影响大，是影响农户经济效益的主要因素。

■ 能 力 转 化

● 计算题

某农户 2012 年利润总额为 100 000 元，资产平均余额为 1 000 000 元，计算当年的资金利润率。

● 简答题

1. 如何评价农业经济效益？

2. 评价农业经济效益的指标体系包括哪些内容？

● **社会调查**

对当地农业中的重要产业进行成本调查，并进行成本计算，进而进行经济效益分析，并作出评价。

单元四

农村金融和农业保险

项目一　我国农村银行的业务

学习目标

知识目标　了解我国农村银行的业务类型。
技能目标　会办理我国农村银行各项业务。
情感目标　了解我国农村银行各项业务的作用。

模块一　办理储蓄存款

案例导入

> 　　在某建筑队打工的运城小伙子小李刚把半年的工资领到手。50元一张的，100元一张的，厚厚一沓。对于小李这样打工生涯才一年的"生手"来说，已经是一笔不小的收入了。想起刚刚打电话老爹交代的话："过两年就该娶媳妇了，要把钱存起来，可别弄丢了。"小李回到宿舍就没有闲着，这么多钱搁哪儿呢？床底、顶棚……恐怕都不行。他们住的地方就是一个大棚，全是大通铺，人来人往，进出自如，跟菜市场一样，不安全。还是存银行得了。
>
> 　　小李揣着钱走到工地附近的一家银行。大厅里，一排排椅子坐满了人。小李等到叫号，站在柜台前，柜台人员问："存定期还是活期？"小李愣了愣，一时不知该如何选择。都有哪些存款种类？办理哪种好呢？对于第一次存钱的小李来说还真是件难事。
>
> ◆ 如何科学地选择存款种类？

一、储蓄存款的好处

储蓄存款是指把自己暂时不用的钱存入银行或农村信用社，以备将来使用并能获取利息的一种方式。把钱存入银行或农村信用社有很多好处：一是把钱存入银行或农村信用社安全、保险，如果把钱藏在家里，钱有可能被老鼠咬烂，被小偷偷走，甚至可能霉烂，造成损失，而存放到银行或农村信用社能够防止这些情况的发生。二是把钱存入银行或农村信用社是有利息的，即俗话说的"钱生钱"。三是可以积少成多，集聚资金，集中财力来办理建房、结婚、生产、投资、养老等大事。

二、储蓄存款的种类

存款可分为个人存款和对公存款。个人存款又叫"储蓄存款"，是指个人将闲置不用的资金存入银行，并可以随时或按约定时间支取款项的一种信用行为。对公存款又叫"单位存款"，是机关、团体、部队、企业单位、事业单位和其他组织以及个体工商户将资金存入银行，并可以随时或按约定时间支取款项的一种信用行为。储蓄存款的种类见图 4-1。

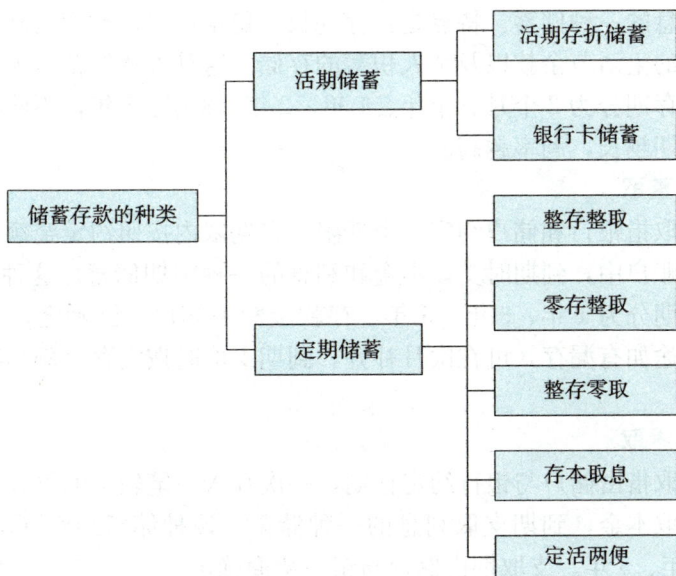

图 4-1　储蓄存款的种类

（一）活期储蓄

活期储蓄是指不确定存期，储户随时可以存取款、存取金额不限的一种储蓄方式。根据存取方式不同，主要有以下形式：

1. 活期存折储蓄

开户时1元起存，多存不限，存取自由，灵活方便。特点是适应性强，适合于个人生活待用款和暂时不用、闲置时间不长的款项的存储。

2. 银行卡储蓄

在银行办理具有存取款、转账和购物消费功能的银行卡，款项可随时存入银行卡，也可随时支取。

（二）定期储蓄

定期储蓄是指在存款时约定存期，一次或按期分次存入本金，整笔或分期、分次支取本金或利息的一种储蓄方式。可以根据自己资金闲置时间的长短选择不同的期限，同时可办理定期存款到期约定转存或自动转存。存款利率较高，相比活期储蓄来说有较多的利息收入。

定期储蓄可分为以下几种类型：整存整取、零存整取、整存零取、存本取息、定活两便和通知存款。

1. 整存整取

整存整取指开户时一次性存入本金，并约定固定的存期，到期时一次性支取本金和利息的一种储蓄。特点是：存期长、稳定性强、利率较高。适合于较长时间不用的生活节余款以及个人积蓄的存储。这种方式储蓄要求50元起存，多存不限，存期分为3个月、半年、1年、2年、3年、5年，不同档次执行不同利率，存期越长，利率越高。

2. 零存整取

零存整取指银行和储户约定一个期限，在期限内按照约定金额，将资金分期固定存入账户中，到期时支取本金和利息的一种定期储蓄。这种储蓄一般5元起存，存期分为1年、3年、5年，存款金额由储户自己确定，一般每月存入一次，中途如有漏存，可在次月补齐，到期支取时按实存金额和实际存期计算利息。

3. 整存零取

整存零取指由储户与银行约定存期，一次存入一笔较大的整数资金，分期陆续平均支取本金，到期支取利息的一种储蓄。该种储蓄1 000元起存，存期分1年、3年、5年。支取期由储户与银行协商确定。

4. 存本取息

存本取息指由储户与银行约定存期，开户时一次存入本金，在约定存期内按照相应档次的利率分次支取利息，到期支取本金的一种储蓄。这种储蓄5 000元起存，存期分1年、3年、5年，可以1个月或几个月取息一次，由储户与银行协商确定。

5. 定活两便

定活两便指存款时不确定存期，可随时到银行提取，利率随存期长短而变化、兼有定期和活期两种性质的一种储蓄。这种储蓄一般50元起存，存单分记名式、不记名式两种，记名式可挂失，不记名式不挂失。

6. 个人通知储蓄存款

个人通知储蓄存款指储户在存入款项时不约定存期，支取时需提前通知银行，约定支取日期和金额才能取款的一种储蓄方式。根据储户提前通知时间的长短，分为1天通知存款与7天通知存款两个档次。这种存款方式最低起存金额为5万元，最低支取金额为5万元，存款人需要一次性存入，但可以一次或分次支取。

7. 教育储蓄

指个人为其子女上高中、大中专、大学本科、硕士或者博士研究生而积蓄资金，分次存入，到期支取本息的一种定期储蓄。教育储蓄是一种特殊的零存整取定期储蓄存款。

以下是各种存款种类的比较，见表4-1。

表4-1　各种存款种类的比较

储种	存期	金额限制	存取方式
活期	不定期	1元起存	随时
整存整取	3、6个月；1、2、3、5年	50元起存	一次存入一次支取
零存整取	1、3、5年	5元起存	逐月存入一次支取
整存零取	1、3、5年	1 000元起存	一次存入，分次支取本金，到期支取利息
存本取息	1、3、5年	5 000元起存	一次存入，分次支取利息，到期支取本金
定活两便	不定存期	50元起存	随时
通知存款	不定存期	50 000元起存	一次存入，一次或分次支取，支取前1天或7天通知
教育储蓄	1、3、5年	50元起存，最高20 000元	分次存入，一次支取

（三）怎样选择储蓄方式

各种存款种类的适用性见表 4-2。

表 4-2　各种存款种类的适用性

存款种类		优　点	缺　点	适用性
活期储蓄	活期存折储蓄	活期储蓄存款随时存取，灵活方便，只要活期储蓄账户里面有钱，就可以随时取钱，存钱和取钱的金额、次数都不受限制	活期储蓄的利率会比定期存款利率低一些	适用于个人日常生活近期有消费需要的存储
定期储蓄	整存整取	有相对较高的利息	不能随时支取，未到期支取会损失利息收入	适宜于个人较长时间闲置节余的资金的存储。家庭中需要攒钱建房、买农机具、供子女上学、子女结婚、防病养老等，均可采用这种方式存钱
	零存整取	积少成多，积零成整，积累财富，零星小钱积累成为一笔可观的资金	每月存款额较固定，如遇到额外支出，会有资金短缺问题	农村中多数在外打工的中青年人，每月有较为固定的收入来源
	整存零取	定期得到一笔较为固定的收入	比整存整取利息率低	拥有一笔较大的收入节余，供子女上学、子女结婚或者赡养老人
	存本取息	可以定期得到一笔较为固定的利息收入	比整存整取利息率低	退休回农村后没有养老金和抚恤金的老人
	定活两便	既有活期储蓄随时存取的灵活性，比活期储蓄高的利息；可在用钱时随时支取，又可在不用钱时获取较多的利息	比整存整取利息率低	个人或家庭收入季节性较强，用钱季节性也较强，一些日常收入一时难以确定用到什么地方的储蓄
	个人通知储蓄存款	除了具有定活两便储蓄的优点外，其利率比定活两便储蓄要高	要求起存金额较高	比较适合那些一次收入较多，而近期内如何使用一时心中没底，又不好确定存期的储蓄

■ 案例解惑

1. 活期储蓄存款，随存随取，灵活方便。适用于个人日常生活中暂时不用和其他短期待用资金的存储。

2. 整存整取定期储蓄存款，数字明确，利于计划实施。适宜于个人较长时间闲置结余资金的存储，如买农机具、供子女上学、攒钱建房、子女结婚、防病养老等。

3. 零存整取定期储蓄存款，积零为整。适宜于农村中多数在外打工的中青年人，每月有较为固定的收入来源者采用。

4. 整存零取定期储蓄存款，收入稳定，细水长流。适合于拥有一笔可观的收入节余而要养活家人，供子女上学、子女结婚、赡养老人的个人或家庭采用。

5. 存本取息定期储蓄存款，根基稳固，收入有续。特别适合于退休回农村没有养老金和抚恤金的老人，可以定期得到一笔较为固定的利息收入，有利于安排好家庭生活。

6. 定活两便储蓄存款，灵活机动，收益颇丰。既有活期储蓄随时存取的灵活性，又有达到一定存期享受比活期储蓄高的利息。农业生产的季节性较强，致使农民收入波动大，用钱季节性也较强。还有一些日常收入一时难以把握准确用途，这样就可选择定活两便储蓄，既可在用钱时随时支取，又可在不用钱时获取较多的利息。

模块二　储蓄存款利息计算

案例导入

> 小李回到住处，拿着存单左看右看，存款金额为5 000元，存款期限为3年，存款年利率为3.33%，到期支取利息为499.5元，细心的小李想，存入的金额没错，那到期的利息是怎么算出来的呢？
> ◆ 如何计算储蓄存款的利息？

一、储蓄存款的利息和利率

储蓄存款利率是计算各种储蓄存款利息的标准，它是在一定时期内存款利息与存款本金的比率。《中华人民共和国储蓄管理条例》中规定："储蓄存款利率由中国人民银行拟定，经国务院批准后公布或者由国务院授权中国人民银行制定、公布。"储蓄机构必须挂牌公告储蓄存款利率，各银行执行可在拟定利率的基础上上下浮动。

我国的利率种类见表4-3：

表4-3　我国利率种类

名　　称	定　　义	设定单位	备　　注
基准利率（又称"法定利率"）	中国人民银行规定的商业银行及其他金融机构的吸收存款、发放贷款的利率	中国人民银行	
商业银行利率	商业银行对企业和个人的存、贷款利率	商业银行	各银行吸收存款利率可在基准利率的基础上上下浮动
金融市场的利率（市场利率）	按货币供求关系而形成的资金借贷的利率	市场	在整个金融市场和利率体系中处于关键地位，起决定作用

　　按存款或贷款的期限，利率一般分为三种：年利率、月利率和日利率，又叫"年息率""月息率"和"日息率"。计算利息时，年利率以"年"为计息期，又叫"年息"，按本金的百分之几（％）表示，如年息8％，可称为"年息8厘"，表示每百元本金每年应得利息8元。月息是以"月"为计息期，按本金的千分之几来表示，如月息3.2厘，可称为"月息3厘2毫"，表示每1 000元本金每月应得利息3元2角。日利率是以"日"为计息期，按本金的万分之几表示，如日息"7毫"，表示每10 000元本金每日应得利息7角。

　　为了便于计算，年息、月息和日息之间可以换算。利率换算公式见表4-4。

表4-4　利率间关系

名　　称	关　　系	
年利率	年利率÷12＝月利率	年利率÷360＝日利率
月利率	月利率×12＝年利率	月利率÷30＝日利率
日利率	日利率×360＝年利率	日利率×30＝月利率

二、银行对于储蓄存款计息的基本规定

1. 计息金额

　　活期存款的计息起点为元，元以下角、分不计利息。利息金额算到分位，分以下的尾数按照四舍五入法进行取合。储蓄利息不计复息。

2. 计息时间

　　从2005年9月21日起，中国人民银行规定，各家银行的个人活期存款从一年结一次利息改为一季一结，每季最后一个月的20日为结息日。

3. 计息期

　　储蓄存款的存期是从存入日算起至支取日前一天止，存入的当天计息，支

取的当天不计息，习惯上称为"算头不算尾"。部分银行储蓄存款的天数按"一个月 30 天，一年 360 天"计算，不论大月、小月、平月、闰月，每月均以 30 天计算，故一年按 360 天计算，30 日及 31 日视为同一天，30 日到期 31 日支取，不算过期 1 天；31 日到期 30 日支取，也不算提前 1 天。

4. 计息方式

按照中国人民银行的规定，在计算存款利息时，采用积数计息法或逐笔计息法两种形式计算利息。

积数计息法是按实际天数每日累计账户余额，以累计积数乘以日利率计算利息。计息公式为：

$$利息＝累计计息积数×日利率$$

逐笔计息法是按预先确定的计息公式逐笔计算利息。计息公式为：

$$利息＝本金×实际天数$$

采用两种方法计算出来的利息并不一样，原因在于一年究竟是按照 360 天算，还是按照实际天数算。

例如：假设存款 50 000 元，存期 1 年，如果采用积数计息法计算利息，日利率为 2.25%÷360，存款期实际天数为 365 天，那么可获利息为 50000×365×2.25%÷360＝1140.6（元）。如果采用逐笔计息法计息，那么可获得利息为 50000×2.25%＝1125（元），较前者少得 15.6 元。

银行通常会默认一种计息方式。目前，四大国有银行的存款业务一般采取逐笔计息法，而部分股份制商业银行则采取积数计息法。

三、银行储蓄存款利息的计算

1. 活期储蓄存款的计算（按照逐笔计息法计算）

活期储蓄存款的计息公式为：

$$应付利息＝本金×实际天数×日利率$$

例题 1　2007 年 3 月 18 日存入的活期存单一张，金额为 5 000 元，于 2007 年 4 月 23 日支取，应实付多少利息？

解　因为 2007 年 3 月 18 日，中国人民银行规定的活期存款利率为 0.72%。因此日利率为：

$$0.72\%÷360＝0.002\%$$

又因为从 3 月 18 日到 4 月 23 日，实存天数为 36 天，因此应付利息为：

$$5000×36×0.002\%＝3.6（元）$$

2. 整存整取储蓄存款利息的计算

例题 2　某储户 2000 年 2 月 25 日存入 1 000 元，存期 6 个月，月利率0.18％，于当年 9 月 6 日支取。当年活期储蓄存款月利率为 0.0825％。定期储蓄存款到期后如果没有取，银行将自动转存。在本例中，如果支取时间为2000 年 9 月 6 日，那么从存款到期日至支取日期间将按照活期存款利率计息；如果支取时间正好在 2001 年 2 月 24 日，那么将按照 0.0825％的月利率计算第二段的半年期利息。所以，本例需分两段计算利息。

解　第一段（2 月 25 日至 8 月 24 日共 6 个月）

1000（本金）×0.18％（月利率）×6（个月）＝10.8（元）

第二段（8 月 25 日至 9 月 5 日共 11 天）

1000（本金）×0.0825％÷30（日利率）×11（天）＝0.3（元）

实付利息：

$$10.8＋0.3＝11.1（元）$$

3. 零存整取储蓄存款利息的计算

零存整取定期储蓄计息方法一般为"月积数计息"法。

$$利息＝月存金额×累计月积数×月利率$$

其中，累计月积数＝（存入次数＋1）÷2×存入次数。

以此推算 1 年期的累计月积数为（12＋1）÷2×12＝78，3 年期、5 年期的累计月积数分别为 666 和 1 830。

因此，零存整取一年的到期实付利息＝月存本金×78×月利率，3 年的到期实付利息＝月存本金×666×月利率，5 年的到期实付利息＝月存本金×1830×月利率。

例题 3　2002 年 3 月 5 日存入 300 元零存整取的存款，应实付多少利息？（假定一年期零存整取利率为 1.98％）。

解　实付息＝300×78×1.98％÷12＝38.61（元）

4. 整存零取储蓄存款利息的计算

整存零取和零存整取储蓄相反，储蓄余额由大到小反方向排列，利息的计算方法和零存整取相同，其计息公式为：

$$每次支取本金＝本金/约定支取次数$$

$$到期应付利息＝\frac{全部本金＋每次支取金额}{2}×支取本金次数$$

$$×每次支取间隔期×月利率。$$

整存零取定期储蓄分期支取中如有延期或提前支取，其延期或期满后延期支取部分，均按取款当日挂牌公告的活期储蓄存款利率计算。

例题 4　某人 2003 年 11 月 5 日存入银行整存零取 3 年期 3 000 元，月利率 0.2275%，约定每半年支取本金 500 元，到期支取时实付利息是多少？

解　实付利息＝（3000＋500）/2×6（支取本金次数）×6（间隔 6 个月取一次）×0.2275%＝143.33（元）

5. 存本取息储蓄存款的计算

存本取息定期储蓄每次支取利息金额，按所存本金、存期和规定利率先算出应付利息总数后，再根据储户约定支取利息的次数，计算出平均每次支付利息的金额。逾期支取、提前支取利息计算与整存整取相同，若提前支取，应扣除已分次付给储户的利息，不足时应从本金中扣回。计息公式：

$$每次支取利息数＝\frac{本金×存期（月）×月利率}{支取利息次数}$$

例题 5　某储户于 2006 年 2 月 20 日存入银行 3 年期存本取息 3 000 元，并约定每月取息，于 2006 年 7 月 1 日办理提前支取，假如该储户每月均到网点办理取息，问应付储户本息合计为多少？（假设年利率为 2.25%，活期存款利率为 0.72%）

解　已付利息＝$\frac{3000×36（月数）×2.25\%÷12}{36（支取利息次数）}$×4（已经支取的月数）

　　　　＝22.5（元）

提前支取应实付利息＝本金×日利率×天数＝3000×0.72%÷360×131

　　　　＝7.86（元）

可得本息合计＝本金＋提前支取应实付利息－已付利息＝3000＋7.86－

　　　　22.5＝2985.36（元）。

6. 定活两便利息计算

定活两便储蓄存款存期在 3 个月以内的按活期计算。存款期限 3 个月（含）以上不满半年的，整个存期按取款当日挂牌公告的整存整取 3 个月定期储蓄存款利率打六折计息；存款期限半年（含半年）以上不满 1 年的，整个存期按取款当日挂牌公告的整存整取半年期的定期储蓄存款利率打六折计息；存款期限在 1 年（含 1 年）以上，无论存期多长，整个存期一律按取款当日挂牌公告的整存整取 1 年期定期储蓄存款利率打六折计息。其公式为：

$$利息＝本金×存期×利率×60\%$$

例题6 某储户于2006年3月1日存入银行10 000元定活两便存款，分别于2006年8月4日、2006年9月15日、2007年6月16日支取，问储户支取时分别能得到多少利息？（3个月利率为1.71%，半年利率为2.07%，一年利率为2.25%）

解 2006年8月4日取款时获得利息为：

$$(244-91+3)×(1.71\%÷360)×10000×60\%=44.46（元）$$

2006年9月15日取款时获得利息为：

$$(285-91+4)×(2.07\%÷360)×10000×60\%=68.31（元）$$

2007年6月16日取款时获得利息为：

$$(196+360-91+7)×(2.25\%÷360)×10000×60\%=177（元）$$

知识拓展

未到期定期储蓄如遇急用怎么办？

定期储蓄在存入时约定存期，没有到期一般不得支取。但储户如遇特殊情况确需支取的，银行也予以办理。储户办理提前支取时要带存单和身份证件，凭印支取的还要加盖预留印鉴，然后到银行办理提前支取手续。提前支取的利率按支取时挂牌活期储蓄利率计息。假若储户不打算全额提前支取，也可以办理部分提前支取。剩余部分银行另开给新存单，并按原存款日期和利率计算利息，不会影响这部分存款利息收入。

案例解惑

小李以整存整取方式存入银行5 000元，存期3年。3年期银行存款利率为3.33%，到期时小李应收利息=5000×3.33%×3=499.5（元）。

模块三 银行的贷款业务

案例导入

老王是运城的农民，一辈子和土地打交道。原来自己家种的苹果，一年下来起早贪黑也赚不了多少钱，后来听人说大城市超市里没听过名字的水果贵得吓人，要是能种这样的水果，不是能卖好多钱吗？于是他找来种冬枣的有关书籍开始学习，一辈子和土地打交道的他很快掌握了其中的要领，他决定把30亩土地全部种成冬枣。可是买树苗的投入就需要上万元，这对于没什么储蓄的他来说可是件难事。如何来解决资金的问题呢？他也听说过需要钱时可以到银行借钱，但是怎么借呢？是不是人人都可以借呢？去银行借款需要什么条件？

◆ 初始创业时怎样才能获得银行的贷款支持？

一、贷款的对象

现阶段农村贷款的对象是一切从事商品生产和流通、有经济收入来源的各种经济成分的经济实体。主要包括农村企业、农村事业单位、个体工商户、农民个人。

1. 农村企业

农村企业就是以农村集体或农民个人投资为主，在农村和小城镇兴办的从事生产、经营、服务的各类企业，包括乡办企业、村办企业、联户和联办企业、私营个体企业以及中外合资企业，如工厂、商店、旅馆、饭店、交通、运输、建筑等企业。

2. 有法人资格的农村事业单位

3. 个体工商户

个体工商户包括个人经营、家庭经营和个人合伙经营各种工业、商业的农村商户。

4. 农户

不是所有企、事业单位和农村个人都可以去银行或农村信用社贷款，如非独立核算的企、事业单位，未成年人、精神病患者以及年迈体衰完全没有民事行为能力的农民个人都不能成为贷款对象。

二、贷款的种类、期限和利率

（一）贷款的种类

根据不同的分类标准，银行对贷款的分类有很多种，与农民、农村企业关系密切的主要有：

1. 按贷款使用期限划分（表4-5）

表4-5　贷款按期限划分的种类

名　称	定　义	适用性
短期贷款	贷款期限在1年以内（含1年）的贷款	一般适用于农村企业和农民个人在生产、经营中流动资金的需要
中期贷款	贷款期限在1年以上5年以下（含5年）的贷款	中、长期贷款一般适用于农村企业在生产经营中固定资产项目投资的需要
长期贷款	贷款期限在5年以上的贷款	

2. 按贷款的方式划分（表4-6）

表4-6　贷款按方式划分的种类

名　　称		定　　义	限　　制
信用贷款		银行根据借款企业或农民个人的信誉不需要担保而发放的贷款	银行一般只向信用一贯优良、能按期偿还贷款本息的借款企业和农民个人发放，只限于流动资金需要的短期贷款
担保贷款（企业或农民个人采取第三方担保作为还款保证的贷款）	保证贷款	按规定的保证方式以第三人承诺在借款人不能偿还贷款时，按约定承担一般保证责任或者连带责任而发放的贷款	保证贷款无法收回时，担保人有责任清偿本息。如果担保人也无法承担清偿责任，导致银行贷款无法清偿时，银行有权提起诉讼，担保的企业或个人就会成为共同被告人
	抵押贷款	按规定的抵押方式，用借款企业、个人或第三人的财产如房屋、机器、设备等作为抵押物，押给银行的一种贷款方式	抵押贷款是目前银行发放贷款的比较通行的做法，也是农村企业和农民个人取得贷款的主要形式之一。抵押贷款并不能取得抵押物变现值的100%，一般只能贷到抵押物变现值的70%
	质押贷款	按规定的质押方式，用借款企业或农民个人的动产（如车辆）或权利（如汇票、债券、存款单、专利权等）作为质押物，或以其他企业或个人的动产或权利作为质押物，质押给银行的一种贷款方式	农业银行规定质押贷款额一般不能超过质押物现值的80%
票据贴现		农村企业持有未到期的商业汇票卖给银行等金融机构，用以取得资金，将票据权利转让给银行的票据行为	银行贴现时，要从票据价值中扣除一定的费用

　　此外，按照农户的资金用途划分，贷款又可分为农户生产贷款和农户生活贷款。

　　（1）农户生产贷款。用于解决农户在生产经营过程中的资金需要而发放的贷款。可分为农、林、牧、工、商及其他行业贷款等。

　　（2）农户生活贷款，分为灾区口粮贷款和一般生活贷款。灾区口粮贷款是为解决经省、自治区、直辖市批准为重点灾区农民购买国家返销粮食时资金不足而发的贷款。一般生活贷款是为解决农户建房和购买耐用消费品的资金不足而发放的贷款。农户生活贷款还款期限在1年之内，建房和耐用消费品贷款期限可适当延长，建房贷款一般不超过3年。

（二）贷款的期限

贷款期限就是贷款时间的长短。一般情况下，流动资金贷款期限确定在 1 年及 1 年以下；用于技术改造的贷款一般期限为 1～3 年，最长不超过 5 年；用于基本建设的贷款期限一般为 5 年，最长不超过 10 年。票据贴现的贴现期，从贴现月起到票据到期日止，最长不得超过 6 个月。

贷款到期，借款的企业和个人贷款不能按期归还的，借款的企业和个人在贷款到期 15 天前向银行说明理由，提出贷款延期。银行将根据有关规定和条件决定是否给予延期。

如果银行同意延期，短期贷款延期累计不得超过原贷款期限的一半；中期贷款延期期限累计不得超过原贷款期限的一半；长期贷款延期期限累计不得超过 3 年。

如果贷款企业或个人未提出贷款延期申请批准的，其贷款从到期之日起转入逾期贷款。

（三）贷款的利率

银行发放的贷款利率由银行根据中国人民银行规定的基准利率和利率浮动的幅度，与借款的企业和农民个人协商确定，并在借款合同中注明。贷款如果申请延期，贷款的利率要根据原借款期限加上延期期限，达到哪个利率档次，就按哪个利率档次重新确定的利率计收利息。贷款企业和农民个人应按期向银行交付利息。贷款到期仍未按规定交付利息的，银行将按中国人民银行的有关规定加收罚息。

三、如何办理各项贷款

（一）怎样办理信用贷款

信用贷款是银行发放给信誉良好的企业和个人而无需提供担保的贷款。一般给企业发放信用贷款只限于流动资金贷款，农民个人只限于生活和生产费用贷款。只要企业或者农民保持和拥有良好的个人资信，经过银行审批后就可免担保获得一定额度的银行贷款。

1. 信用贷款申请条件

在中国境内有固定住所、有当地城镇常住户口、具有完全民事行为能力的中国公民；有正当且有稳定经济收入的良好职业，具有按期偿还贷款本息的能力；遵纪守法，没有违法行为及不良信用记录以及符合银行规定的其他条件的"法人"和农民个人都可以申请信用贷款。

2. 申请信用贷款应提交的资料

借款人向银行申请个人信用贷款，需要书面填写申请表，并提交图 4-2 中所示资料：

```
┌─────────────────────────────────┐
│        信用贷款提供资料          │
└─────────────────────────────────┘
     │
     │    ┌─────────────────────────────┐
     ├────│      本人有效身份证件        │
     │    └─────────────────────────────┘
     │    ┌─────────────────────────────┐
     ├────│   居住地址证明（户口簿等）   │
     │    └─────────────────────────────┘
     │    ┌─────────────────────────────┐
     ├────│        个人职业证明          │
     │    └─────────────────────────────┘
     │  ┌───────────────────────────────────────────┐
     └──│ 借款申请人本人及家庭成员的收入证明等银行规定的其他资料 │
        └───────────────────────────────────────────┘
```

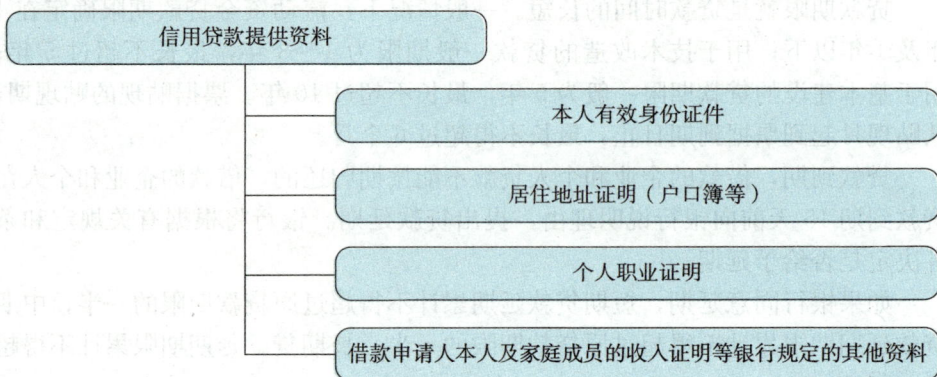

图 4-2　信用贷款提供资料

3. 贷款期限和还款方式

贷款期限一般为 1 年（含 1 年），最长不超过 3 年。个人信用贷款一般不办理延期，确因不可抗力或意外事故而不能按期还贷的，经银行同意贷款期限在 1 年（含 1 年）以内的可予以延期一次，延期期限不得超过原贷款期限且累计贷款期限（含延期期限）不得超过 1 年，贷款期限在 1 年（含 1 年）以内的采取按月付息，按月、按季或一次还本的还款方式；贷款期限超过 1 年的，采取按月还本付息的还款方式。

（二）怎样办理抵押贷款

抵押是借款人将自己的财产或第三人的财产作为取得银行贷款的担保。在借款人到期不能清偿银行债务时，银行有权依照《中华人民共和国担保法》中规定将所抵押的财产折价，或者以拍卖、变卖所抵押财产的价款优先受偿。

1. 财产抵押

可以抵押的财产包括：抵押人所有的房屋和其他地上定着物；抵押人所有的机器、交通工具和其他财产；抵押人依法有权处分的国有的土地使用权、房屋和其他地上定着物；抵押人依法有权处分的国有的机器、交通工具和其他财产；抵押人依法承包并经发包方同意抵押的荒山、荒沟、荒丘、荒滩等荒地的土地使用权；依法可以抵押的其他财产。

不得抵押的财产包括：土地使用权；耕地、宅基地、自留地、自留山等集体所有的土地使用权；学校、幼儿园、医院等以公益事业为目的的事业单位、社会团体的教育设施、医疗卫生设施和其他社会公益设施；所有权、使用权不明或有争论的财产；依法被查封、扣押、监管的财产；依法不得抵押的其他财产。

以抵押财产担保的银行贷款，不得超出抵押物的价值，或者说抵押物的价值要大于所借的银行贷款，超出的价值部分可以再次抵押。

2. 抵押担保贷款的申请与取得

抵押贷款的申请基本与信用担保贷款相同，提供的资料除信用担保贷款、保证担保贷款所列的之外，还应提供抵押物清单以及有处分权人同意抵押的承诺书。

抵押贷款的取得与信用贷款基本相同，只是银行还要求抵押人依法向有关部门办理抵押物登记和财产保证，并向银行出具、移交合法的抵押物所有权或使用权证书，抵押物登记凭证、保险单、银行停止支付存单证明等凭据。然后签订借款合同、抵押合同、借款借据，从银行取得贷款。

3. 抵押担保贷款的归还

抵押贷款正常归还时，与信用贷款基本相同。当抵押贷款期满，抵押人无法清偿银行贷款时，银行可以与抵押人协商以抵押物折价或者以拍卖、变卖以抵押物的价款受偿；协商不成的，银行可以向人民法院提出诉讼。

抵押物折价或者拍卖、变卖后，其价款超过银行贷款的本息部分，归抵押人所有，不足部分由抵押人继续清偿。

（三）怎样办理农村消费信贷

消费信贷也称"信用消费"，就是指银行对消费者个人发放的用于购买耐用消费品或支持其他消费的贷款，以解决消费价高和消费者购买力不足的问题。如从银行贷一笔款用来购买汽车，就是一种消费信贷。

1. 个人消费信贷的种类

消费信贷的种类多种多样，目前各家银行已开办了多种形式的个人消费贷款：买房可以申请住房贷款，装修可以申请装修贷款，买汽车可以申请个人购车贷款，购买家用电器、家具等大件耐用消费品可以申请耐用消费品贷款，旅游可以申请旅游贷款，出国留学可以申请教育贷款等。除了这些专款专用的贷款外，银行还开办了不指定用途的个人综合消费贷款。根据贷款方式的不同，可以把消费信贷分为以下几类：

（1）住房抵押贷款。住房抵押贷款是指购房人在支付首期付款后，由银行代其支付余额，购房人分期向银行偿还贷款。购房人向银行提供的贷款担保是其新购房屋的房产权。如张某看中了一套房子，价值 10 万元，房主要求一次性付清所有房款，但张某只有 5 万元。于是，他可以向银行申请 5 万元的贷款，期限 5 年。买到房子后，房子的房产证由银行保存，作为张某贷款的担保。然后，张某每年偿还银行 1 万元贷款（不考虑利息因素）并于 5 年之内还清。

（2）分期付款。分期付款指贷款人分期偿还本金和利息，用于购买耐用消费品。这种信贷主要用来购买汽车。分期偿还借款也分为两类：

①直接借款。由消费者直接向银行申请贷款，然后逐年还清。

②间接贷款。如张某想买一辆车，但他手头的资金不够，汽车销售商决定帮助张某向银行申请贷款。张某申请到贷款后，购得汽车，然后张某向银行偿还贷款。如果张某不偿还贷款，那么，汽车销售商将负偿还责任。间接贷款和直接借款的主要区别就是间接贷款的担保人是汽车销售商。

（3）一次性偿还贷款。当个人的借款需要是暂时的，并且不久就能偿还贷款时，银行就提供一次性偿还贷款。如张某想卖掉旧房买新房，旧房可卖 10 万元，而购买新房需 20 万元，其中新房首期付款 10 万元。在旧房没有出售之前，张某可向银行申请一次性贷款 10 万元，然后用这 10 万元作为首期付款来购买新房。过一段时间，旧房出售，张某得款 10 万元用于偿还银行贷款。在这笔贷款业务中，张某以旧房的产权做担保。

（4）抵押贷款。这是针对老年人设计的一种信贷消费形式。老年人用一辈子的积蓄买到一套房子后，手中的储蓄也就所剩无几了。然而，老人却面临着高昂的消费支出，如医疗费、生活费等。在这种情况下，有可能会产生入不敷出的问题。于是，老人可用自己的房子为抵押向银行申请贷款。银行则一般每月发给老人固定的贷款，以维持其生活水平。待老人去世后，银行可拍卖他们的房产，用以偿还贷款。

2. 消费信贷的优点

消费信贷作为一种特殊的信贷方式，有着自身的优点，归纳起来主要有两点：

（1）消费者获益大。银行通过消费贷款的形式进行临时调节，就可以满足部分群众对某些消费品特别是耐用消费品的需求。对个人来说，消费贷款十分合算。以个人耐用消费品贷款为例，假设一年期利率是 5.325%，若以"按月等额"方式还款，本月偿还部分在下月就被扣除，实际上是一种整借零还方式，最终算下来，实际年利率在 3.7% 左右，和存款利息大体相当。

（2）消费信贷给银行也带来了巨大的利润。消费信贷在西方国家很普遍，如在美国，居民 1/3 的消费都是通过贷款来实现的。由此可见，贷款消费作为一种消费模式，在美国等西方发达国家非常盛行。

（四）怎样办理国家助学贷款

考上大学本是一件令人高兴的事，但面对几千甚至上万元的学费，家庭经济条件差的孩子和家长们却乐不起来，有的地方甚至出现了贫困生弃学打工的事件。在部分贫困的农村，常常听到家长鼓励孩子努力学习时说："你要是考上大学，爹妈就是砸锅卖铁、倾家荡产也要供你读书。"其实，很多家庭贫困的父母不需要砸锅卖铁、倾家荡产也能供孩子上学。申请国家助学贷款就可帮助贫寒学子圆大学梦。让每个贫困生和家庭了解国家资助政策，不让一名大学生因贫困弃学是全社会共同的责任。

1. 助学贷款的种类和用途

助学贷款分为学费贷款和生活费贷款两类，前者用于借款学生向所在院校支付学杂费，后者用于借款学生在校期间自身日常基本生活费用的支出。这两类贷款中，借款学生可以根据自己的实际需要，申请其中一种或两者同时申请。这两种贷款的利率都是按一年期短期贷款利率计算。助学贷款之所以划分为学费贷款和生活费贷款，主要是为了保证助学贷款能专款专用。

为了达到专款专用的目的，学费贷款和生活费贷款的发放方式是不同的。学费贷款每年一次通过银行以转账方式直接划入借款学生所在院校的银行账户，而生活费贷款则是每月定期由银行主动划入借款学生的银行账户。生活费贷款采用这种分月发放的方式，可以减轻借款学生的利息负担，并且也有利于借款学生合理安排每月生活费用的支出。

2. 国家助学贷款的发放对象

国家助学贷款的发放对象是在全日制普通高等院校就读的中国籍学生，也就是说，在高校就读的学生，不论本地学生还是外地学生，均可申请助学贷款，具体政策在各地稍有不同。助学贷款的借款人是学生自己而不是父母或其他人。借款学生还需满足下列条件：

（1）具有完全民事行为能力（未满 18 周岁、不具备完全民事行为能力的借款学生则须经监护人同意并在借款合同上签字认可）；

（2）具备诚实守信的品德；

（3）学习成绩优异或较好；

（4）身体健康；

（5）无违法乱纪行为；

（6）提供符合条件的担保。

3. 国家助学贷款政策的有关规定

（1）学生在校期间免交贷款利息。借款学生在学校期间的贷款利息全部由财政补贴支付。

（2）还贷年限延长到 6 年。借款学生毕业后视就业情况，在 1～2 年后开始还贷，6 年内还清。新政策规定，借款学生办理毕业或终止学业手续时，应当与经办银行确认还款计划，还款期限由借贷双方协商确定。若借款学生继续攻读学位，借款学生要及时向经办银行提供继续攻读学位的书面证明，财政部门可继续按照在校学生的相关条件来实施贴息。

（3）曝光违约借款学生名单。国家助学贷款管理中心以已经建立的国家助学贷款学生个人信息查询系统为依托，进一步完善对借款学生的信息管理，对借款学生的基本信息、贷款和还款情况等及时进行记录，加强对借款学生的贷后跟踪管理，接受经办银行对借款学生有关信息的查询，并将经办银行提供的违约借款学生名单在新闻媒体及全国高等学校毕业生学历查询系统的网站上公布。

（五）怎样办理个人创业贷款

个人创业贷款是指具有一定生产经营能力或已经从事生产经营活动的个人，因创业或再创业提出资金需求申请，经银行认可有效担保后而发放的一种专项贷款。符合条件的借款人，根据个人的资信状况和偿还能力，最高可获得单笔50万元的贷款支持；对创业达一定规模成为再就业明星的人员，还可提出更高额度的贷款申请。

创业贷款的期限一般为1年，最长不超过5年。许多地区推出的下岗失业人员创业贷款还可享受政府贴息。

如果创业需要购置沿街商业房，可以用拟购房子作抵押，向银行申请商用房贷款，贷款金额一般不超过拟购商业用房评估价值的60%，贷款期限最长不超过10年。因创业需要购置轿车、卡车、客车、微型车以及进行出租车营运的借款人，还可以办理汽车消费贷款，此贷款一般不超过购车款的80%，贷款期限最长不超过5年。

案 例 解 惑

在农民创业发展过程中，一般都会受到资金的约束。在银行贷款规模有限，大家发展机会均等的条件下，借款技巧就显得尤其重要。因此要做到：

1. 精心设计项目的可行性研究报告。一个令人眼前一亮的可行性研究报告，对于争取项目贷款的优先支持具有十分重要的作用。

2. 权威审批、评估。所谓权威审批与评估，就是要使项目在行政上取得高层次主管部门的审批批文。

3. 突出项目的特点。

4. 多走几家银行。

5. 选择借款时机。选择借款时机，要处理好既有利于保证项目用款的资金及时到位，又便于银行调剂安排信贷资金，调度信贷规模的关系。

6. 企业与银行谈判应采取灵活多样的谈判形式，并合理配置谈判人员。

7. 要积极配合银行信贷人员搞好贷款前的调查工作，积极主动地提供各种能够反映生产经营正常的资料和报表，使银行对你的经营管理、设备、技术、工艺、职工素质、产品性能有感性认识并留下深刻印象，从而为缩短办理借款的时间创造条件。

8. 按规定正确填写借款申请书、借款合同和借款借据。

模块四　银行结算服务

■ 案例导入

老王办好了贷款，拿着向银行借来的钱心里别提有多高兴了。他早就到一家卖树苗的企业看了好几次，经过比较选择，选定了他认为最合适的品种。那么怎么付钱呢，卖树苗的地方离家较远，拿着那么多钱出门还真有点不放心。卖树苗的老板告诉他："不用你专门跑了，你只要通过银行把钱给我打过来就行了，这样又安全又有效率。"现在农民兴办企业已经不是新鲜事了，农民和农村企业、事业单位在生活与生产经营中需要支付资金时，现金不再是唯一的选择，银行可以提供各种各样安全、高效的结算业务。

◆ 银行的结算业务有哪些呢？怎样最方便呢？

一、结算的种类、原则和纪律

1. 结算种类

结算是指一切用钱结清债权债务关系的行为，通常称为"货币结算"。货币结算分为两类：用现金来进行债权、债务结算，称为现金结算；用票据来进行债权、债务结算，称为转账结算。由于转账结算是借助于银行特有的转账功能，通过各账户之间资金的划转完成经济往来中的货币收付及债权、债务的清算，因此，转账结算也常称为"银行结算"。由于转账结算具有现金结算无法比拟的优点，经济生活中的绝大多数货币收付及债权、债务的清算，都是通过银行的转账功能进行的。因此，转账结算已成为结算的主要方式和银行的一项主要业务。

2. 结算原则

农村企业和农民个人要在银行办理结算业务，都必须遵守以下结算原则：

（1）遵守信用、履约付款的原则。

（2）谁的钱进谁的账，且由谁支配的原则。银行必须正确处理收付双方的经济关系，迅速、准确、及时地办理款项收付，凭证上写的是谁的钱，就记入谁的账户，并确保其对存款的自主支配权。

（3）银行不垫款的原则。银行办理转账结算时，只负责把资金从付款单位的账户转入收款单位账户，因此，在未从付款单位账户划出款项之前，银行不承担垫付资金的责任。收款单位只能在账款收妥之后方能使用。付款单位在委托银行代付款项时，只能在自己存款金额之内签发支票或其他支付凭证。

3. 结算纪律

农村企业和农民个人在办理结算业务时，必须遵守以下结算纪律：

单位和个人办理结算，必须严格执行结算办法的规定，不准出租、出借账户，不准签发空头支票和远期支票，不被套取银行信用。

银行办理结算，必须严格执行结算办法的规定，需要向外寄发的结算凭证，必须于当天及时发出，最迟不得超过次日；汇入银行收到结算凭证，必须及时将款项支付给确定的收款人；不得延误、积压结算凭证；不准挪用、截留客户和其他银行的结算资金；未收妥款项，不准签发银行汇票、本票；不准向外签发未办汇款的汇款回单；不准拒绝受理客户和其他银行的正常结算业务。

二、结算方式

现行的结算方式主要包括银行汇票、商业汇票、银行本票、支票、汇兑结算、委托收款、托收承付、信用卡结算等。这些结算方式有些适用于同城结算（即同一城市范围内的转账结算），有些适用于异地结算（即跨地区的转账结算）。农村企业和农民个人可根据结算需要加以选用。

结算业务是银行的中间业务，主要收入来源是手续费收入。传统的结算方式有"三票一汇"，即汇票、本票、支票和汇款。

（一）银行汇票

银行汇票是企业或个人将款项交存开户银行，由银行签发给其持往异地采购商品时办理结算或支取现金的票据。银行汇票是一种传统的使用最广泛的票据结算工具。

1. 银行汇票结算的特点

银行汇票结算具有表 4-7 中所示的特点：

表 4-7　银行汇票结算特点

特　　点	说　　明
适用范围广泛	企业、个体户和个人向异地支付各种款项都可以使用。特别是在不能确定异地销售单位，或者不了解异地销售单位产品的情况下，可持银行汇票实地确定销售单位和到销货单位了解产品情况后，实行钱（票）货两清
信用可靠	银行汇票由银行签发并付款，见票即付，不会出现无款支付的情况

（续）

特　　点	说　　明
票随人到，付款迅速	有利于单位和个人的急需用款和及时采购
灵活方便	持票人既可以将银行汇票转让给销货单位，也可以通过银行办理分次支付，还可以经背书将银行汇票转让给被背书人
兑现性强	填明"现金"字样的银行汇票可以到银行兑付现金，没有填明"现金"字样的则不能

2. 使用银行汇票的注意事项

（1）银行汇票一律记名。

（2）银行汇票的有效付款期为1个月（不分月大、月小，统一按次月对日计算，到期日遇节假日顺延），逾期汇入银行将不予受理，汇款人可向签发银行说明情况后，请求其付款。

（3）汇款人接受汇票时，应认真审查汇票上记载项目，没有涂改、没有错误、印章清晰方能受理。

（4）如需支取现金必须是现金汇票，并由汇款人在汇票背面签字盖章，向兑付银行交验本人身份证件。

（5）汇票必须妥善保管，以防丢失。

（二）商业汇票

商业汇票是由出票人签发，委托付款人在指定日期无条件向收款人或持票人支付款项的票据。

商业汇票在同城和异地均可使用。它适用于企业先发货后收款或双方约定延期付款的商品交易。购货单位在资金暂时不足的情况下，可以凭承兑的汇票购买商品。销货单位急需资金，可持承兑的汇票以及增值税发票和发运单据复印件向银行申请贴现，也可以在汇票背后签字后转让给第三者，以及时补充所需资金。这种汇票经过购货单位或银行承诺付款，承兑人负有到期无条件支付票款的责任，故有较强的信用。商业汇票承兑期限由交易双方商定，最长不超过6个月。如属分期付款，可一次签发若干张不同期限的汇票。

按照付款人身份的不同可分为商业承兑汇票和银行承兑汇票。银行承兑汇票由付款企业作为承兑申请人向其开户银行申请，经银行审查同意后，承诺到期无条件支付票面金额。银行承兑汇票是以银行信用为基础的结算票据，它一经银行承兑，银行就负有到期无条件付款的责任，因此这种票据有很高的信誉度，一般的银行和客户都愿意使用。企业申请签发银行承兑汇票，需具备以下条件：

（1）在经办行开立有存款账户；

（2）有真实、合法、有效的商业交易；

（3）经济效益好，信誉高，汇票到期有支付贷款的能力，签发的银行承兑汇票能按期兑付，必要时可依法要求承兑申请人提供担保；

（4）必须是企业法人和其他经济组织。

（三）银行本票

银行本票是申请人将款项交存银行，由银行签发凭以办理转账或支取现金的票据。

银行本票分为不定额本票和定额本票两种。不定额本票的金额起点为100元，提示付款期限最长不超过两个月（不论月大、月小，均按次月对日计算，到期日遇节假日顺延），逾期银行不予受理。定额本票的面额有1 000元、5 000元、10 000元和50 000元四种。银行本票见票即付款，单位和个人在同一城市内的商品交易、劳务供应以及其他各种款项的结算，均可使用。银行本票一律记名，不予挂失。银行本票具有信誉高的特点。用银行本票购买商品，销货方可以见票发货，购货方可以凭票提货，债权债务关系也可以凭票清偿，收款人将本票交存银行，银行即可为其入账。需支取现金，可凭具有"现金"字样的本票随时到银行兑付现金。

（四）支票

支票是由出票人签发，委托其开户银行在见票时无条件支付确定金额给收款人或持票人的票据。

支票分为现金支票和转账支票。支票上印有"现金"字样的为现金支票。支票上印有"转账"字样的为转账支票，转账支票只能用于转账，不得支取现金。单位和个人在同一城市范围内的商品交易、劳务供应、清偿债务等款项结算均可以使用支票。支票一律记名，起点金额为100元，付款期为10天（从签发次日算起至到期日，遇节假日顺延）。使用支票结算，单位和个人要遵守信用，必须在银行存款余额内签发支票，严禁签发空头支票以及签章与预留银行签章不符的支票，否则，银行予以退票，并按规定给予处罚。签发现金支票和用于支取现金的支票，必须符合国家现金管理的规定。

（五）汇兑结算

汇兑结算是汇款人委托银行将款项汇结外地收款人的一种结算方式。它适用于异地各单位、个体经济户之间的商品交易、劳务供应、资金调拨、清理欠款、往来款项结算以及个人之间的各种汇款的结算。

汇兑分信汇和电汇两种。信汇是银行通过邮寄凭证划转款项，电汇是使用电报划转款项，汇款人可根据支付款项的缓急程度选择使用。汇兑结算具有以下特点：不受金额起点限制；适用范围广泛，单位、个体经济户和个人都可使用；手续简便；汇划款项迅速、方便、灵活。汇兑结算是付款单位主动付款的一种结算方式，一般可用于先款后货的交易，如销货方对购货方信用状况不了解，可要求其先汇款，后发货。

为了加速资金周转，更好地为生产和流通服务，各商业银行或部分发达地区的农村信用社已在全国建成电子汇兑网络系统，推出异地电子汇兑业务。该系统以银行计算机网络系统为依托，以各商业银行总行为中心，一级分行和直属分行为分中心，地、市支行为支中心，联结商业银行各基层网点，现已覆盖全国各省、自治区、直辖市的几万个营业机构。系统以批量传输的方式传递电子汇兑信息，在办理异地信汇、电汇时，其资金收付可在 24 小时内到账，大大缩短了资金在途时间，而且资金收付万无一失。商业银行的电子汇兑系统除法定节假日外，在各工作日均开通运行，而且收费低廉，开户单位的异地结算可享受电子汇兑服务。

（六）委托收款

委托收款是收款人委托银行向付款人收取款项的结算方式。委托收款根据资金划回方式的不同，分为邮划、电划两种，由收款人自行选用。

对于委托收款，银行只办理代收，不对付款方的拒付或退回收款凭证进行监督，也不为收款单位代扣款项。收款人办理委托收款，应向开户银行填写委托收款凭证，提供有关的债务证明。银行将收款凭证寄往付款人开户银行，经付款人开户银行审查无误后办理付款。以银行为付款人的，银行应在当日将款项主动支付给收款人。以单位为付款人的，银行应及时通知付款人，付款人在接到通知的当日书面通知银行付款，付款人在接到通知的次日起 3 日内未通知银行付款的，视同付款人同意付款，银行应于付款人接到通知日的次日起第四日上午开始营业时将款项划给收款人。

（七）托收承付

托收承付是根据购销合同，由销货单位发货后委托其开户银行向异地购货单位收取款项，由付款单位验单或验货后向银行承认付款的一种结算方式。它主要适用于购销双方签订了合同的商品交易及与之有关的劳务供应而引起的货币收付结算。

其结算过程分为托收和承付两个环节。销货单位发出商品之后，委托开户银行收取贷款，托收时必须提交商品交易单证及运单（货物由购货单位自提的，则应附自提证明）。购货单位收到托收结算凭证与所附单证后，经审查核对无误，在规定的承付期内向开户银行表示同意付款。使用异地托收承付结算方式的单位必须是国有企业、供销合作社以及经营管理好并经开户银行审查同意的城乡集体所有制工业企业。代销、寄销、赊销商品的款项不得办理托收承付结算。办理托收承付结算的双方必须重合同、守信用、自觉遵守结算纪律；不准无理拒付，任意占用对方资金。异地托收承付结算每笔起点金额为10 000元。新华书店系统每笔的起点金额为1 000元。

各结算种类的比较见表 4-8。

表 4-8 各结算种类的比较

结算种类	分类	特点	结算范围	使用限制	时间限制
银行汇票		使用最广泛的票据结算工具	同城、异地均可使用	无	有效付款期为1个月
商业汇票	商业承兑汇票和银行承兑汇票	在急需资金时，可向银行申请贴现，也可以在汇票背后签字后转让给第三者	同城、异地均可使用	企业先发货后收款或双方约定延期付款的商品交易的款项结算	承兑期限由交易双方商定，最长不超过6个月
银行本票	转账或支取现金的票据	信誉高，收款人将本票交存银行，银行即可为其入账	同城结算	无	提示付款期限最长不超过2个月
支票	现金支票和转账支票	银行在见票时无条件支付确定金额给收款人或持票人	同城结算	必须在银行存款余额内签发支票，严禁签发空头支票以及签章与预留银行签章不符的支票	签发支票后，提示付款期为10天
汇兑结算	信汇和电汇两种	不受金额起点限制；适用范围广泛，单位、个体经济户和个人都可使用；手续简便；汇划款项迅速、方便、灵活	异地结算	无	资金收付可在24小时内到账，大大缩短了资金在途时间
委托收款	邮划和电划两种	银行只办理代收，不对付款方的拒付或退回收款凭证进行监督，也不为收款单位代扣款项	同城、异地均可使用	收款人办理委托收款，应向开户银行填写委托收款凭证，提供有关的债务证明	
托收承付		根据购销合同，由销货单位发货后委托其开户银行向异地购货单位收取款项	异地结算	适用于购销双方签订了合同的商品交易及与之有关的劳务供应而引起的货币收付结算，托收时必须提交商品交易单证及运单	

三、填写票据和结算凭证的注意事项

填写票据和结算凭证必须做到标准、规范，要素齐全、数字正确、字迹清晰、不错漏、不潦草，防止涂改。

中文大写金额数字应用正楷或行书规范填写，如"壹、贰、叁、肆、伍、陆、柒、捌、玖、拾、佰、仟、万、亿、元、角、分、零、整（正）"等字样。

中文大写金额数字到"元"为止的，在"元"之后，应写"整"或"正"字，在"角"之后可以不写"整"或"正"字。大写金额数字有"分"的，"分"后面不写"整"或"正"字。

中文大写金额数字前面应标明"人民币"字样。大写金额数字应紧接"人民币"字样填写，不得留有空白。大写金额数字前未印"人民币"字样的，应加填"人民币"三个字。在票据和结算凭证大写金额栏内不得预印固定的"万、仟、佰、拾、元、角、分"等字样。

有些票据的出票日期必须使用中文大写。为防止编造票据的出票日期，在填写月、日时，月为"壹""贰"和"壹拾"的，日为"壹"至"玖"以及"壹拾""贰拾"和"叁拾"的，应在其前加"零"；日为"拾壹"至"拾玖"的，应在其前加"壹"。如1月15日，应写成"零壹月壹拾伍日"，10月20日，应写成"零壹拾月零贰拾日"。

■■ 案例解惑

随着互联网技术的发展，网上银行越来越普及。网上银行又称"网络银行""在线银行"，是指金融机构利用网络技术在网上开展的银行业务，是一种全新的客户服务提交渠道。银行的客户可以不受上网方式和时空的限制，只要能够上网，就可以安全便捷地管理自己的资产，享受银行的服务。个人网上银行所能提供的金融服务越来越全面，特别是在发达国家，由于网上银行起步早、技术先进，网上银行已几乎能提供与"砖墙式"营业网点相同的服务，如信息发布、咨询服务、查询、交易、资产、现金服务等。个人网上银行让人们实现了足不出户的个人理财新方式。我国个人网上银行服务起步较晚，但发展较快，并且多数柜台服务基本上均可以在网上完成。如建行个人网上金融服务能够提供个人贷款、个人外汇买卖、代理保险业务、个人转账、个人外汇兑换、代理保管箱业务、龙卡服务、个人外汇结算、公积金业务、个人银证转账业务等，利用建行的"龙卡"在网上可以实现在线交手机费，该行北京分行开通的网上个人理财业务，在线能够得到有关个人的投资分析、个人储蓄、债券、个人住房贷款、汽车消费信贷、个人小额质押贷款、个人助学贷款、个人住房装修贷款等八项针

对个人的理财服务。招商银行网站可进行"一卡通"和存折的综合理财业务。据专家预测，在未来的日子里，网上银行将会有更广阔的发展前景。

■ 能 力 转 化

● 实训题

1. 实训主题

实地到银行看一看，银行都有哪些储蓄方式，并把它们记下来，想一想它们有什么不同。

2. 实训目的

培养实地考察研究的意识。

3. 实训步骤

(1) 精心写一份实地考察报告，看看银行都有哪些储蓄种类？

(2) 仔细观察一下，在银行办理储蓄的业务中，哪种储蓄种类办理的最多？

(3) 思考什么样的人适合办理什么样的储蓄业务？

● 计算题

1. 某储户存入一笔20 000元1年期定期存款，存款利率为5％，到期本利和是多少？

2. 某企业7月1日向银行借得一笔流动资金贷款，金额2 000 000元，9月10日归还，贷款利率为月息6.3％，问该企业该付银行利息多少？

3. 某企业或个人从1月起，每月8日向银行存入10 000元，存款月息1厘5，到期日为次年的1月8日，如果单利计算，试求全部本利和。

4. 某储户计划每月向银行固定存入一笔存款，存期1年，期望到期得到本利和10 000元，银行存款利率为月息0.36％，则每月要存入多少？

● 思考题

你现在适合什么样的储蓄方式？

● 案例分析

2008年，某村出资成立了甲纸制品公司，专营纸制品的生产与销售。两年后，甲公司由于缺乏流动资金而向乙银行申请借款78万元人民币，并以甲公司的机器设备作为抵押品。该机器设备的抵押价值按其账面值计价，银行经审查后发放该项贷款，期限1年。该贷款到期后，甲公司因无力偿还，申请贷款展期1年。经过一段时间，甲公司由于股东方不合，经营不善，亏损严重，资不抵债，公司董事会决定成立清算小组，将公司清盘解散。甲公司对外发布公告后，乙银行立即申报债权，此时甲公司欠乙银行的贷款本息余额已达 128 万元。

甲公司在未通知乙银行的情况下，擅自将抵押品变卖。由于这些机器设备本来就不属于先进设备，经历若干年的使用后，已完全属于淘汰设备，所以这些设备处理变卖后价值所剩无几。当乙银行派员重新审理此项贷款时，甲公司仅剩 7 万元可用于归还贷款本息，而甲公司欠乙银行贷款本息此时合计数为 174 万元，故此笔抵押贷款最终给乙银行造成了巨大损失。

◆ 试根据关于担保贷款问题对这一事件进行分析。

● 填写支票

××××银行 转账（现金）支票存根 62650001	××××银行　转账支票　62650001

出票日期　年　月　日　付款行名称：

收款人：　　　　　　　　出票人账号：

| 科　　目＿＿＿＿＿ 对方科目＿＿＿＿＿ 出票日期＿＿年＿月＿日 收款人＿＿＿＿＿＿＿ 金　　额＿＿＿＿＿＿ 用　　途＿＿＿＿＿＿ 单位主管：　　会计 | 人民币（大写）　　千百十万千百十元角分 用途＿＿＿＿＿＿＿ 上列款项请从 我账户内支付 出票人签章 | 科目（借） 对方科目（贷） 付讫日期　年　月　日 出纳　复核　记账 |

● 填写托收承付凭证

托收承付凭证（承付/支款通知）⑤　　　第　　号

委托日期　年 月 日　　　　　托收号码：

付款人	全　　称		收款人	全　　称	
	账号或地址			账　　号	
	开户银行			开户银行	

托收金额	人民币（大写）	千	百	十	万	千	百	十	元	角	分

附　件	商品发运情况	合　同　名　称　号　码
附件单证张数		

备注：

单位主管　　会计　复核　记账　　　　付款人开户银行盖章　　　月 日

项目二　如何投资理财

学习目标

知识目标　了解我国农村投资理财的方式。

技能目标　简单掌握各种理财的内容及方法。

情感目标　培养理财意识，认识资金的闲置也是一种浪费。

案例导入

> 老李是运城盐湖区的农民，老李的儿子外出打工，获得数倍于原来种地的收入。老李近年来也琢磨着如何提高收入，家里包了几十亩地种樱桃、冬枣，一年下来也能赚十来万。有了钱也不能乱花，老李盘算着，这么多钱放在哪里？该如何安排使用呢？这些钱除了供养家庭生计外，还要出钱为儿子在城里买房，还要攒出一部分钱支付小女儿将来上大学的费用，也需要为他老年生活做准备。老李早就听说过城里人说理财，听别人说钱放在家里，不但不安全，也是一种浪费。钱需要保值增值，需要做出合理的安排，这就需要理财。
>
> 理财的方式方法多种多样，大钱有大钱的理财道，小钱也有小钱的获利法。选择适合自己的投资方式，把闲钱运用起来，就可以做到积少成多。
>
> ◆ 老李应如何来理财呢？

模块一　理财概述

一、对理财的认识

（一）理财之前的准备工作

1. 搞清楚自己的家庭财产收入和支出情况

要想理好财，首先就要了解自己家庭的基本经济情况，到底有多少家产？哪些是固定财产？流动资本有多少？需要还的债务有多少？有多少可以用来再投资？家庭平时的总收入是多少？平时的总支出是多少？家庭处在什么样的社会经济地位？是否掌握了一定的投资方式和投资技能？自己能承受多大的投资亏损？如果对前面的问题思考清楚了，才能认清自己家庭的经济情况，不至于盲目理财。

2. 做好三大准备

在开始理财之前，还要做好充分的准备。简单地说，就是要做好资金、知识和心理等方面的准备。资金准备指的是要准备好用于投资的钱，一般来说主要是除日常开支、应急准备金以外的个人流动性资金。然后是知识上的准备，应该熟悉和掌握理财投资的基本知识和基本操作技能。心理上的准备也很重要，个人要对投资风险有一定的认识，能够承受投资失败的心理压力，有良好的心理准备。

3. 开源节流

科学理财最根本的方法就是开源节流，处理好个人的收入与支出。一方面要增加新的收入来源，另一方面要减少不必要的开支。增加收入来源不仅仅包括努力工作，还要扩大个人资产的对外投资，增加个人投资收益和资本积累。节流也不仅仅是压缩开支，也包括合理消费，合理利用借贷消费、信用消费，建立一种现代的个人消费观念。

(二)农村家庭该怎样做好理财准备

坚持每天记账是农家初学理财的好方法。这样，每天的消费都有详细记录，花费的去向也就一目了然，月底对本月的花销进行分析总结时，就可以参照上月的花销，再根据本月收入，进行合理调配，避免乱开支。

对于没有结婚的青年农民来说，单身消费的日子不会很长。因此，既要学会老一辈勤俭节约的品德，也要为自己日后的发展早做准备。平常积攒下来的钱除去日常开支外，可以参加一些实用的培训班，如养殖、种植等技能的学习，也可以根据自身的爱好选择驾驶、电脑等方面的培训。

(三)农村家庭理财的误区

农村家庭理财的误区见表4-9。

表4-9　农村家庭理财的误区

家庭理财的误区	说　　明
钱放家里	这不仅是家庭投资之大忌，而且不安全。新闻上经常能见到农民工把辛苦赚来的钱放在家里，或者被小孩子玩火时给烧掉，或者被老鼠咬烂掉，或者藏起来，时间久了找不到
全部存银行活期储蓄或者定期储蓄	许多农村家庭为图取钱方便，就把钱存成活期。活期利率很低，如果存几个月甚至几年，就有可能造成不必要的利息损失。也有的人把钱存成利率较高的定期，而遇有急事就无法提前支取。因此，确定存款的种类和期限，要根据实际情况认真选择
理财没有计划	有许多人收入很多，但用钱没有计划，导致每月收支失衡

(续)

家庭理财的误区	说　明
不要盲目追求风险大的投资	家庭投资一般是在维持家庭生活平衡的基础上进行的，投资时要根据自身的风险承受能力选择投资方式，不能盲目追求高风险项目。如果不具备风险承受能力和一定专业知识，往往会吃亏
参加不受法律保护的集资和存款活动	投资理财应当安全和效益兼顾，凡是不受法律保护的集资和存款，不论其收益率有多高，都不宜盲目参与，一旦上当受骗，将血本无归

二、农村理财方法

农村的一般理财方法见表 4-10。

表 4-10　农村的一般理财方法

方　法	定　义	优　点	缺　点
存银行	投资者把资金存放在银行，以获取利息收入。这是普通家庭采取的传统做法，所占比重最高	钱存在银行安全可靠，能够赚取利息	回报率低，有时候存款利息收入有可能无法弥补通货膨胀所带来的资金贬值损失
买债券	个人投资者将自有资金用于购买国家债券、企业债券，以获取投资收益	由于有国家财政担保，国债被视为"金边债券"，其安全性、流通性在债券中是最好的，基本没有什么风险，并且收益比较稳定，比同档次银行存款要高	企业债利息较高，但存在一定的信用风险
买保险		只有通过科学的保险计划，才能充分发挥资金的投资价值，可为家人提供一份充足的保障	一种纯消费型风险保障工具，资金的收益性不高
投资基金	集中起来的个人资金交由专业人员进行操作，他们可以凭借专业知识和经验技能进行组合投资，从而避免个人投资的盲目性，以达到降低投资风险，提高投资收益的目的	与个人单独理财相比，基金、信托理财属于专家理财，省时省心，而且收益较高	收益比较不固定，也有一定风险性
买股票	将自有资金用于购买企业发行的股票，以获取股利收益或买卖股票价差收益	这种投资工具是获利性最强、最快、最大的，就目前我国的股市而言，一般至少可以获得 25% 甚至几倍、几十倍的收益	风险最高，收益有较大的不稳定性和不安全性，稍不留心就可能血本无归

三、储蓄理财的小技巧

由于农村家庭收入比较单一，所以必须提高低风险类产品的比例。实际上，虽然银行储蓄存款是理财最常用的手段，但也是有技巧的，恰当地将这些小技巧加以运用，将能为储蓄理财带来更多的收益。

1. 四分存单法

特点：用款的时间、金额不定，机动性强，可减少不必要的损失。

操作方法：假设家庭现有1万元，并且在1年之内有急用，但每次用钱的具体金额、时间不能确定，而且还想既让钱获取高利息，又不因用一次钱便动用全部存款，最好选择四分存单法。即：把1万元分别存成四张存单，但金额要一个比一个大，应注意适应性，可以把1万元分别存成1 000元的一张、2 000元的一张、3 000元的一张、4 000元的一张。当然也可以把1万元存成更多的存单，但您需要保管好存单。由于用款时间存在不确定性，在存款时最好都选择1年期限。

2. 12 存单法

对于追求无风险收益的农民来说，可以将每月收入的10%、20%存成一个定期存款，每月定期存款单期限可以设为1年，每月都这么做，1年下来就会有12张1年期的定期存款单。从第二年起，每个月都会有一张存单到期，如果有急用，就可以使用，也不会损失存款利息；当然，如果没有急用的话这些存单可以自动续存，而且从第二年起可以把每月要存的钱添加到当月要存的这张存单中，继续滚动存款，每到一个月就把当月要存的钱添加到当月到期的存单中，重新获得一张存款单。

12 存单法的好处在于，从第二年起每个月都会有一张存款单到期供您备用，如果不用则加上新存的钱，继续存定期，既能比较灵活地位用存款，又能得到定期的存款利息，是一个两全其美的办法。如果坚持下去，日积月累，就会攒下一笔不小的存款。另外，进行 12 存单法的同时，每张存单最好都设定到期自动转存，这样就可以免去多跑银行之苦了。

3. 利滚利存款法

利滚利存款法是存本取息与零存整取两种方法完美结合的一种储蓄方法。能获得比较高的存款利息，缺点是要求个人经常到银行去。

操作方法：如有一笔5万元的存款，可以考虑把这5万元用存本取息的方法存入，在一个月后取出存本取息储蓄中的利息，把这一个月的利息再开一个零存整取的账户，以后每个月把存本取息中的利息取出并存入零存整取的账户，这样做的好处就是能够获得两次利息，即存本取息的利息在零存整取中又获得利息。

模块二　投资理财工具

一、国债

（一）国债的概念

国债是国家发行的债券，由于国债的发行主体是国家，所以它具有最高的信用度，被公认为是最安全的投资工具。

国债的特点见表 4-11。

表 4-11　国债特点

特　点	内　容
安全性高	由于国债是中央政府发行的，而中央政府是国家权力的象征，所以发行者具有国家最高的信用地位，一般风险较小，投资者亦因此而放心
抗动性强，变现容易	由于政府的高度信用地位，使得国债的发行额十分庞大，发行也十分容易，由此造就了一个十分发达的二级市场，发达的二级市场客观地为国债的自由买卖和转让带来了方便，使国债的流动性增强，变现较为容易
能满足不同团体、金融机构及个人的需要	典型的表现是国债广泛地被用于抵押和保证，在许多交易发生时国债可以作为无现金交纳的保证，此外还可以国债担保获取贷款等
还本付息由国家保证	在所有债券中，国债是信用度最高而投资风险最小的债券

（二）国债的种类

国债品种不同，购买的方法也就不同。

1. 凭证式国债

储户购买国债时由银行营业网点签发国债收款凭证。起点金额为 100 元人民币，大于 100 人民币必须是百元的整数倍数，上限金额为 50 万元人民币。我国从 1994 年开始发行凭证式国债。凭证式国债按年度、分期次发行，存期为两年、三年、五年。凭证为记名凭证，可挂失，可在同一城市内通兑，到期或提前兑付凭凭证支取本息。凭证式国债不得部分提前支取，提前兑付的国债均按兑付本金数的 2% 收取手续费。凭证式国债具有类似储蓄又优于储蓄的特点，通常被称为"储蓄式国债"，是以储蓄为目的的个人投资者理想的投资方式。

凭证式国债主要面向个人投资者发行，其发售和兑付通过各大银行的网点、邮政储蓄部门的网点以及财政部门的国债服务部办理。投资者购买凭证式国债可在发行期内到各银行网点购买。

2. 记账式国债

记账式国债是指没有实物形态的票券，在电脑账户中进行记录。在我国，上海证券交易所和深圳证券交易所已为证券投资者建立电脑证券账户。因此，可以利用证券交易所的系统来发行债券。投资者购买记账式国债必须在证券交易所开立证券账户或国债专用账户，并委托证券机构代理进行。

二、股票

（一）股票的基本概念

股票是"股份证书"的简称，是股份公司为筹集资金而发行给股东作为持股凭证并借以取得股息和红利的一种有价证券。每股股票都代表股东对企业拥有一个基本单位的所有权。

股票作为股东向公司入股并获取收益的所有者凭证，持有它就拥有公司的一份资本所有权，成为公司的所有者之一。股东不仅有权按公司章程从公司领取股息和分享公司的经营红利，还有权出席股东大会，选举董事会，参与企业经营管理决策，同时股东也要承担相应的责任和风险。

（二）股票的种类

1. 按股东的权利和义务划分为普通股、优先股（表 4-12）

表 4-12　普通股及优先股

划分方式		定　义	特　点
按股东的权利和义务	普通股	随着企业利润变动而变动的一种股份，是股份公司资本构成中最普通、最基本的股份，是股份企业资金的基础部分	发行最普遍的股票，在我国上海证券交易所与深圳证券交易所上市的股票都是普通股
	优先股	优先股是"普通股"的对称，是股份公司发行的在分配红利和剩余财产对比普通股具有优先权的股份	股利比普通股股票固定，定期发放，但较普通股股票股利低，没有管理公司的权利

2. 红筹股、蓝筹股

红筹股这一概念诞生于 20 世纪 90 年代初期的中国香港股票市场。我国在国际上有时被称为"红色中国"，相应地，中国香港和国际投资者把在境外注册、在中国香港上市的那些带有中国内地概念的股票称为红筹股。

早期的红筹股，主要是一些中资公司收购香港中小型上市公司后改造而形成的，近年来出现的红筹股，主要是内地一些省市将其在中国香港的公司改组并在香港上市后形成的。

在海外股票市场上，投资者把那些在其所属行业内占有重要支配性地位、业绩优良、成交活跃、红利优厚的大公司股票称为蓝筹股。"蓝筹"一词源于西方赌场。在西方赌场中，有三种颜色的筹码，其中蓝色筹码最为值钱，红色筹码次之，白色筹码最差。投资者把这些行话套用到股票上。

蓝筹股并非一成不变，随着公司经营状况的改变及经济地位的升降，蓝筹股的排名也会变更。

3. 成长股、热门股、绩优股、投机性股、概念股（表4-13）

表 4-13 成长股、热门股、绩优股、投机性股、概念股

名　称	定　义	特　点	风险性
成长股	指发行股票时规模并不大，但公司的业务蒸蒸日上，管理良好，利润丰厚，产品在市场上有竞争力的公司的股票	预期公司业绩会快速稳定增长，如达不到目标，股票的波动性也较高	中等
热门股	指交易量大、交易周转率高、股价涨跌幅度也较大的股票	没有永远热门的行业或企业，不是所有快速成长的公司都能生存下来，许多红极一时的热门股后来都销声匿迹了	中等
绩优股	指那些业绩优良，但增长速度较快的公司的股票	这类公司有实力抵抗经济衰退，但这类公司并不是总能给人带来振奋人心的利润	较小
投机性股	指那些价格很不稳定或公司前景很不确定的普通股	主要是那些雄心很大、具有开发性或冒险性的公司的股票，热门的新发行股以及一些面值较低的普通股票	较高
概念股	指能迎合某一时代潮流但未必能适应另一时代潮流的公司所发行的股票	股价呈巨幅起伏，风险较高	较高

4. ST 股和 PT 股

1998 年 4 月 22 日，沪深证券交易所宣布将对财务状况和其他财务状况异常的上市公司的股票交易进行特别处理（英文缩写为"ST"）。

其中异常主要指两种情况：一是上市公司经审计其两个会计年度的净利润均为负值；二是上市公司最近一个会计年度经审计的每股净资产低于股票面值。

在上市公司的股票交易被实行特别处理期间，其股票交易应遵循下列规则：

（1）股票报价日涨跌幅限制为 5%；

（2）股票名称改为原股票名前加"ST"，如"ST 钢管"；

（3）上市公司的中期报告必须经过审计。

PT 股是基于为暂停上市流通的股票提供流通渠道的特别转让服务所产生

的股票品种（英文缩写为"PT"），这是根据《中华人民共和国公司法》及《中华人民共和国证券法》的有关规定，上市公司出现连续 3 年亏损等情况，其股票将暂停上市。沪深证券交易所从 1999 年 7 月 9 日起，对这类暂停上市的股票实施"特别转让服务"。

5. A 股、B 股、H 股、L 股、N 股、S 股

我国上市公司的股票有 A 股、B 股、H 股等的区分，依据股票的上市地点和所面对的投资者而定。

（1）A 股正式名称是"人民币普通股票"，是由我国境内的上市公司在上海、深圳证券交易所发行，供境内机构、组织和个人（不含台、港、澳投资者）以人民币认购和交易的普通股股票。

（2）B 股正式名称是"人民币特种股票"，是以人民币标明面值，以外币认购和买卖，在境内（上海、深圳）证券交易所上市交易的股票。

（3）H 股又称"境内上市外资股"，是境内上市公司在香港发行上市的股票。

（4）L 股是指境内上市公司在伦敦发行上市的股票。

（5）N 股是指境内上市公司在纽约发行上市的股票。

（6）S 股是指境内上市公司在新加坡发行上市的股票。

三、基金

（一）基金的概念

基金有广义和狭义之分，从广义上说，基金是机构投资者的统称，包括信托投资基金、单位信托基金、公积金、保险基金、退休基金以及各种基金会的基金。

我们现在说的基金通常指证券投资基金。证券投资基金是指通过发售基金份额，将众多投资者的资金集中起来，形成独立资产，由基金托管人托管，基金管理人管理，以投资组合的方法进行证券投资的一种利益共享、风险共担的集合投资方式。

（二）基金的种类

证券投资基金是一种间接的证券投资方式。基金管理公司通过发行基金单位，集中投资者的资金，由基金托管人（即具有资格的银行）托管，由基金管理人管理和运用资金，从事股票、债券等金融工具投资，然后共担投资风险、分享收益。

根据基金单位是否可增加或赎回，可将证券投资基金分为开放式基金和封闭式基金。

开放式基金不上市交易，一般通过银行申购和赎回，基金规模不固定。封闭式基金有固定的存续期，期间基金规模固定，一般在证券交易场所上市交易，投资者通过二级市场买卖基金单位。

（三）基金的特点

与股票、债券、定期存款等投资工具一样，证券投资基金也为投资者提供了一种投资渠道。与其他的投资工具相比，证券投资基金具有以下特点：

1. 集合理财，专业管理

基金将众多投资者的资金集中起来，委托基金管理人进行共同投资，表现出一种集合理财的特点。基金由基金管理人进行投资管理和运作。基金管理人一般拥有大量的专业投资研究人员和强大的信息网络，能够更好地对证券市场进行全方位的动态跟踪与分析。将资金交给基金管理人管理，自己不用费心关注证券市场的行情，不用费心收集信息，就可以"坐享其成"。

2. 组合投资，分散风险

为降低投资风险，《中华人民共和国证券投资基金法》规定，基金必须以组合投资的方式进行投资运作，从而使"组合投资，分散风险"成为基金的一大特色。个人投资者由于资金量小，一般无法通过购买不同的股票分散投资风险。基金通常会购买几十种甚至上百种股票，投资者购买基金就相当于用很少的资金购买了一篮子股票，某些股票下跌造成的损失可以用其他股票上涨的盈利来弥补。因此可以充分享受到组合投资、分散风险的好处。

3. 利益共享，风险共担

基金投资者是基金的所有者。基金投资人共担风险，共享收益。基金投资收益在扣除由基金承担的费用后的盈余全部归基金投资者所有，并依据各投资者所持有的基金份额比例进行分配。为基金提供服务的基金托管人、基金管理人只能按规定收取一定的托管费、管理费，并不参与基金收益的分配。

（四）购买基金渠道

基金作为专家理财是很多投资者理财的首选产品。现在很多投资者都是通过银行购买基金的，一部分人是出于对银行的信任，另外一部分人也确实不知道除了银行还能去哪里买。

其实，基金购买渠道有很多，不同的渠道，便利性、费用、提供的服务都有较大差别。基金的交易原则上是在哪里购买在哪里赎回，而且日后如需要进行基金转换等操作也要通过当时的交易渠道办理，如中途变更交易渠道，则需办理转托管等手续，以免造成不必要的麻烦。

因此，在决定购买基金时，选择一个适合自己的渠道是非常重要的。投资者可以从便利性、费用、可获得的服务三个方面来考虑。购买基金的渠道主要有：

（1）银行代销。

（2）证券公司代销。

（3）基金公司直销。

知识拓展

切莫借用高利贷

高利贷（又称"放数"），顾名思义，即高利贷款，它的利息是极高的。我国元朝有名的羊羔息，一年就要本利翻一番；明清的印子钱，利息高达100%。中华人民共和国成立前，有所谓的"驴打滚"，以一月为期，利率4～5分，如过期不还，就利上加利，成为复利，几个月就可以本息相等。现在我们所讲的高利贷，是指民间借贷利率超过中国人民银行公布的金融机构同期、同档贷款利率（不含浮动）4 倍的借贷。高利贷债权人（贷方）通常称作"大耳窿"或"地下钱庄"。"大耳窿"放高利贷有"9 出 13 归"的习惯，就是借钱10 000元，只能得到9 000元，但还款时却要支付13 000元。而且，高利贷的利息是逐日起"钉"（利息），以复息计算，被称为"利滚利"，往往借几百元，过了一年半载才还，连本带利可能要还几万元。

案 例 解 惑

老李的投资组合可选择定期储蓄、债券作为投资工具，再适当考虑购买少量保险。其收入可做这样的分配：20%的现金，用来应对家庭日常开支及紧急支出；35%用于来年再生产投入；40%的定期储蓄或债券，作为以后孩子上学的教育基金；5%的保险，家庭在理财时也需要考虑是否以购买保险来提高家庭风险防范能力，转移风险。

能 力 转 化

● 案例分析

农民李林栋炒股的巧招

李林栋（化名）是一位地道的农民，刚开始炒股时，也没啥经验，但这几年下来，李林栋还是在股市里赚了不少钱。别人总是问他有什么投资心得，谈起这话，还要从李林栋养鸡说起。李林栋杀鸡都有个规矩，只杀不会下蛋的鸡，因为能下蛋的鸡能够产生效益。后来，炒股的时候，他就把养鸡的经验给用上了，他想股市里那些能下蛋的鸡，应该算是好鸡，比如有的股票能 10 股送 5 股或 10 股送 10 股，买了这样的股票等于我原来有 10 只鸡，现在就有 20 只了，这样的股票当然好了。

李林栋花了一年多时间琢磨，终于总结出一些规律，发现不少能下"蛋"的股票。这些股票首先是业绩比较好并且净资产值高。一般来说，如果每股收益高于 0.2 元，主营业务增长率达到 50% 以上，就有投资关注的必要；其次是上市公司有充足的资本公积金和丰厚的滚存未分配利润；第三是有的连续几年没有送股和分红的公司，比较容易下"蛋"。

后来，禾嘉股份于 2000 年 3 月 5 日推出 10 送转 5 股的分配预案，可年报显示该公司每股收益仅 0.087 元；苏福马推出 10 股转增 4 股派 0.3 元分配预案，但公司 2002 年报显示公司每股收益 0.08 元。李林栋心想：业绩不怎么样的公司，干吗还要多送股？这不是做表面文章，造面子工程嘛！果然，公司公布分配方案后股价立即下跌。

◆ 你也谈一谈你的理财之道吧。

项目三　农村保险业务

学习目标

知识目标　了解保险的基本理论知识，了解保险的类型。
技能目标　掌握农村基本的保险类型。
情感目标　培养防范风险的保险意识。

模块一　农村保险业务的种类

案例导入

一场因烧麦茬引发的火灾扰乱了陕西省西安市临渣区任留乡三王村第二村民小组农民王备战（化名）的生活。据王备战回忆，6 月 12 日中午 12 点，当他照例到家里的田头去做农活，突然看到一道自南往北行的五六百米长的"火龙"在邻家的麦茬地里燃烧，眼看着火势就要烧到自己家的玉米地里，这时，他想奋力扑灭火苗挽救自家的玉米，可在强烈的火势阻挡下，王备战只能眼睁睁看着自家两亩地的彩玉米变成了灰，损失了近4 000元。往年村上也发生过因烧麦茬引发的火灾，如果找到肇事方就由肇事方负责赔偿，如果找不到，损失就由保险公司按照每亩500元左右的标准赔偿。但王备战询问村里和区里的领导后，被告知他家的玉米没有上保险，因此无法赔偿。

这场火灾让王备战更清楚了保险的含义，王备战的一些邻里也对保险有了重新认识。王备战说："以前我自己对保险并不清楚，出了这事才感觉买个保险确实很重要。"

◆ 农民买什么样的保险好？

一、保险的概念和特点

保险就是为了应付特定的灾害事故和意外事件，通过订立保险，在遇到灾害事故或意外事件时，可以得到经济补偿或给付保险金的经济行为。

保险有三个基本特点：

（1）保险具有互助性质，能够分担损失风险。

（2）保险是一种合同行为，双方必须签订保险合同，保险关系才能够成立。

（3）保险对灾害事故的损失进行经济补偿，这是投保人的目的，也是保险合同的主体内容。

二、保险的种类

（一）按保险的对象分类

保险分类见表4-14。

表 4-14　保险分类

名　称	定　　义	特　　点	险　　种
财产保险	投保人为了消除自然灾害和意外事故对财产造成的不良后果，并求得对财产损失进行补偿的一种保险	财产保险是一种"损害保险"，也是一种补偿性保险	企业财产保险、家庭财产保险、机动车辆保险、建筑工程保险、安装工程保险、货物运输保险、信用保险、种植业保险和养殖业保险等

（续）

名　称	定　　义	特　　点	险　　种
人身保险	以人的身体和生命为对象的保险。这是投保人与保险公司签订人身险合同，并按照合同规定支付约定的保险费，保险公司在被保险人因疾病或遭遇意外的事故而致伤残、死亡，或生存至保险期满时给付医疗费或者保险金的一种保险	风险事故是与人的寿命和身体有关的"生、老、病、死、残"，人身保险在为被保险人面临的风险提供保障的同时，兼有储蓄性的特点	人寿保险，包括定期保险、终身保险、养老保险、年金保险；意外伤害保险，包括普通意外伤害保险、特种伤害保险；健康保险，包括住院医疗费保险、外科费用保险、普通医疗费保险和残疾金保险等
责任保险	保险公司对投保人在生产、业务经营活动中或日常生活中由于疏忽、过失等行为，造成他人财产损失或人身伤亡，根据法律或合同规定应由投保人对受害人承担的经济责任进行承保，也就是由保险公司承担投保人应向受害人赔偿经济利益损失的一种保险	责任保险的标的不是人身，也不是有形的财产，而是投保人的财产赔偿责任，这种责任在实际进行赔偿时即转化为物品或现金	第三者责任保险、公众责任保险、产品责任保险、雇主责任保险等

（二）按照保险的方式分类

传统型属于纯保障类保险。分红险、万能险和投资联结险三种保险则将保障和投资融于一体，属于理财型险种。

传统险包括健康险、意外险、养老险等保障类保险，其中像意外险这种又称为消费型险种，目的是风险保障，没有投资功能，传统型险种费率要比理财型险种低。假设获得同样的保障，理财型产品的保费肯定要多一点，这多出来的部分则被用于投资。

分红险是指保险公司在每个会计年度结束后，将上一会计年度该类分红保险的可分配盈余，按一定比例以现金红利或增值红利的方式分配给客户的一种保险。

万能险是指可以任意支付保险费以及任意调整死亡保险金给付金额的人寿保险。

投资联结险是一种既具有保险保障又有投资理财功能的险种。

（三）按照经营方式的不同分类

保险可以分为商业保险、社会保险和政策性保险。

商业保险是指专门的保险企业按照商业原则经营的保险，保险公司追求盈利目标。社会保险是国家依法要求公民强制缴纳保费，形成保险基金，用于医疗、养老、教育等目的的基本社会保障制度。社会保险不以营利为目的，出现赤字由国家财政予以支持。政策性保险是指以支持国家经济政策为目的的非营利保险，通常受到政府财政税收政策支持，如出口信用保险、农业保险等。

三、农民参加保险的好处

（一）农村企业参加保险的好处

农村企业要在市场经济中求得生存与发展，不可避免地会遇到各种各样的风险，参加保险则可以建立一种风险损害的预防和补偿保障，把风险造成的损失降到最低。

1. 企业参加财产保险，有利于转移财产损失风险，保证生产、经营活动的正常进行

企业在生产、经营中可能会遇到不可抗拒的自然灾害，如火灾、水灾、地震、风暴、泥石流等，如果企业不对财产进行保险，一旦灾害发生，企业轻则难以恢复生产，重则可能破产。如果企业参加了保险，就会因保险公司的赔偿而迅速恢复生产，保证生产、经营活动的正常进行。

2. 企业参加产品质量保险，有利于企业的科技进步

企业要在市场经济的竞争中取胜，必须不断地采用新技术，推出新产品。企业的新产品在刚开始上市时，在质量方面可能存在着缺陷和不足，有可能对消费者的人身和财产造成损害，如果企业参加了保险，就能把因产品质量问题引起对消费者造成损害的经济赔偿责任转由保险公司去承担，有利于企业集中精力搞好生产、经营，从而推动科技进步。

3. 企业参加信用保险，有利于企业经营目标的实现

信用保险适用于出口创汇企业。出口创汇企业如果购买了信用保险，在外商因破产无力支付货款，收货后拖欠货款，违约拒绝付款，外商所在国发生战争、骚乱、暴动，以及实行外汇管制、限制汇兑或其他事件，保险公司就可按合同规定赔偿货款，从而保证经营目标的实现。

（二）农村个人和家庭参加保险的好处

个人和家庭参加保险的根本好处就是转移风险，补偿损失。家庭财产保险附加盗窃险基本上可以解决家庭财产遭受的各种风险，能把损失降到最低。各种人身保险可以解决个人和家庭各种人身伤、病、残、死等许多后顾之忧。养老金保险可以解决老有所养的问题。责任保险可以摆脱第三者责任引起的经济赔偿责任和各种烦恼。

案例解惑

农民购买政策性保险最有利。通俗地讲，政策性农业保险就是政府补助为主，农民自缴为辅的一种政府行政推动，动员说服农户自觉参与的一种特定的从保障农业持续稳定增长角度出发，不以营利为目的的保险行为，与纯商业保险有明显的区别。参加政策性农业保险的好处有：一是政府补贴，农民受益。政府对参保品种的补贴比例高达 70%～80%，这等于政府出钱为广大农民的种植业、养殖业系上了"保险带"。二是农民交钱少，保障大。农民只需花几元钱就能为自家的农作物和牲畜上保险。三是发生保险责任内的自然灾害或意外事故，能够迅速得到补偿，可以尽快恢复再生产。四是可以优先享受到小额信贷支持。五是能够从政府有关方面和保险公司得到防灾防损指导和丰产丰收信息。保险灾害事故发生后，被保险人（投保人）应在积极采取措施防止损失进一步扩大的同时向保险公司或有关部门报告，根据损失程度，保险公司或委托农业、畜牧部门（人员）、代办员对损失进行查勘评估，严格按照保险合同（条款）进行计算赔偿。

模块二　农村各项保险业务简介

案例导入

2008 年 1 月中旬到 2 月上旬，我国大部分地区出现了罕见的低温、雨雪冰冻等恶劣天气，而且持续时间长，影响范围大，这次因灾害造成的直接经济损失达 1 516.5 亿元。其中，农业和林业遭受重创。农作物受灾面积 2.17 亿亩，绝收 3 076 万亩。森林受灾面积 3.4 亿亩。塑料大棚、畜禽及水产养殖设施损毁严重，畜禽及水产等养殖品种因灾死亡较多。

在冰雪带来的惨痛损失面前，农民们对农业保险有了更清醒的认识和更迫切的渴望。在苏州，当地预估雪灾赔款超过 6 亿元，其中，已付赔款 1 800 万元。"多亏了苏州的政策性农业保险，这次雪灾中死掉的鸡每只赔了 8 元钱。"养鸡专业户王师傅欣慰地说。"过去是求我入保我都不入，现在是我要入保"。农民刘师傅说，前些年村里还组织过参加农业保险，但掏钱的人很少。灾后村里许多人都表示要参加农业保险。

一个个摆在眼前的事实提醒我们，农业保险势在必行。避免农业灾害风险，促进农民增收，实现农业可持续发展，都离不开农业保险的推广。

◆ 农村家庭怎样买保险较合适？

一、办理农村企业财产保险

（一）企业财产保险的适用范围

农民办的集体、个体企业，除涉外的来料加工、中外合资、合作企业，以及补偿贸易、引进技术和设备方法进行的工程外，均可参加企业财产保险。

（二）企业财产保险的保险标的及保险金额

1. 保险标的（图 4-3）

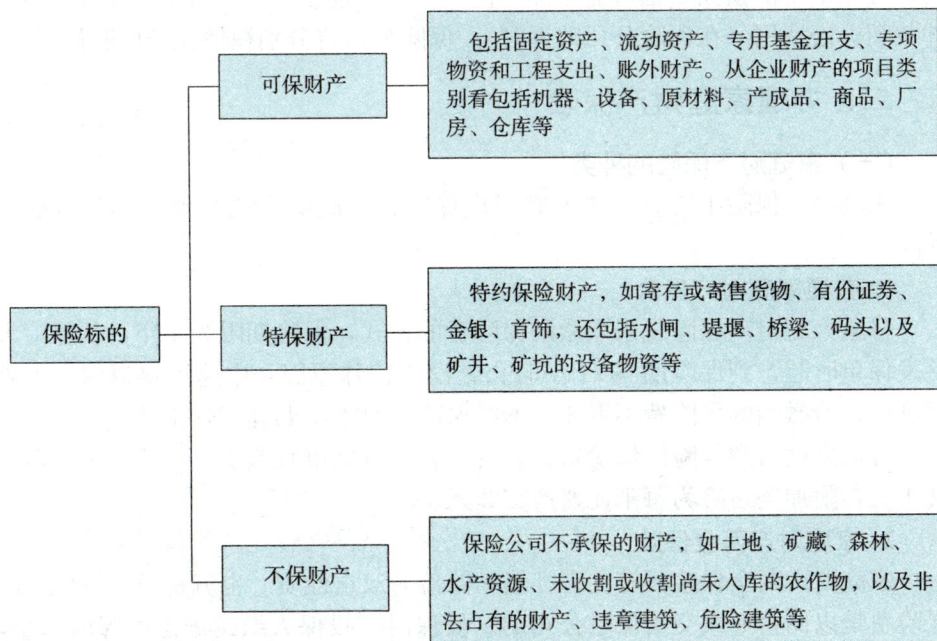

图 4-3　保险标的

2. 保险金额

财产保险金额是指保险事故发生时，保险公司承担赔偿或给付保险金责任的最高限额。固定资产可按账面价值、账面价值加成或重置价值方法计算。流动资产可按最近 12 个月平均余额或者最近账面余额计算，已摊销或不入账面的财产由保险双方协商，按实际价值确定。

（三）企业财产保险的责任范围

1. 基本险责任

包括自然灾害或意外事故而导致的损失。投保人自有的供电、供水、供气设备因遭受保险合同标明的自然灾害或意外，且由于这种损害引起停水、停电、停气直接造成保险财产的损失。为抢救保险财产或防止灾害蔓延的合理支出。

2. 除外责任

除战争、核反应、投保人故意行为、后果损失条款外，还有保险物本身的缺陷及保管不善造成的损坏，不属于保险责任范围内的损失和费用。

(四) 企业财产保险的赔偿处理

企业财产保期一般为 1 年。在保险期内和保险责任范围内发生灾害造成损失，可能是全部损失，也可能是部分损失，还可能发生施救费用、追偿费用、仲裁和诉讼费用（在保险公司败诉时），保险公司将分别视情况予以赔偿。

二、办理家庭财产保险

(一) 家庭财产保险的种类

家庭财产保险主要有普通家庭财产保险、家庭财产两全保险和长效还本保险。

1. 普通家庭财产保险

普通家庭财产保险是采取缴纳保险费的方式，保险期限为 1 年，从保险人签发保单时起，到保险期满 24 小时止。没有特殊原因，中途不得退保。保险期满后，所缴纳的保险费不退还，继续保险需要重新办理保险手续。

普通家庭财产保险的保险费各省自治区、直辖市有差别，一般每千元财产交 1 元，附加盗窃险为每千元财产交 2 元。

2. 家庭财产两全保险

家庭财产两全保险具有灾害补偿和储蓄的双重性质。也就是说，投保人的保险费是以储蓄形式交给保险公司的。投保时，投保人缴纳固定的保险储金，储金的利息转作保费，保险期满时，无论在保险期内是否发生赔付，保险储金均返还投保人。

如某人 1995 年 3 月投保 5 年期 1 万元财产的两全保险，交了 280 元保险储金，同年 5 月，家里因失火获得保险公司 5 000 元赔偿，到 2000 年 3 月期满时，他照样可以从保险公司领回 280 元保险储金。这样家庭财产和保险储金即获得两全。

该保险责任期限分为 1 年和 5 年，期满续保需要另办手续，可选择投保。保险储金采取固定保险金额的方式，城市居民以 1 000 元保险金额为一份，农村居民以 2 000 元保险金额为一份。投保至少一份，被保险人可根据家庭财产实际价值投保多份。

3. 长效还本家庭财产保险

长效还本家庭财产保险是普通家庭财产保险和家庭财产两全保险相结合的产物。

保户交给保险公司的保费作为"储蓄金"，当保险期满时，只要不申请退保，上一期的储金可以作为下一期的储金，保险责任继续有效。如此一直延续下去，直到某一年发生保险事故或者保户退保为止。

长效还本家庭财产保险迎合了广大保户既能获得保障，又能获得保本的心理，而且保险期长，受到保险人的欢迎。因为这种保险的实际有效期较长，不可预测的经营风险较大，所以保险公司往往在保险合同中保留保险公司终止合同的权利，所以在签订保险合同时要特别注意这方面的条款规定。

(二) 家庭财产保险的适用范围

1. 农村居民的自有资产

包括自有房屋及其附属设备，房屋的附属设备就是固定装置在房屋中的取暖设备、卫生设备、照明、供水设备；家具、用具、室内装饰物、衣服、行李、卧具等生活用品；家用电器、文化娱乐用品；生产的用具、工具，已收获的农产品、副业产品等；非机动交通工具；个体劳动者的营业用器具、工具、原材料、商品等。

2. 与他人共有的财产

这部分财产要由自己负责参加家庭财产保险。

(三) 不保的财产

1. 无法鉴定价值的财产

家庭财产保险的不保财产除金银、首饰、珠宝、有价证券类外，还包括家禽、花、树、鸟、鱼、盆景等无法鉴定价值的财产。

2. 代他人保管的财产

从事生产、经营的个体工商户，如洗染店、寄售店、修理店、服装加工店、代购代销店、货栈、旅馆小件寄存等，代他人加工、修理、保管的财产，不在家庭财产保险之列。

(四) 对自然灾害造成损失的补偿

凡是存放在保险单上载明地址的室内保险财产，由于以下因素使房屋主体结构（外墙、房顶、屋架）倒塌造成保险财产的损失，以及因防止灾害蔓延或因抢救、保护所采取的必要措施而造成财产损失和支付的合理费用，保险公司都予以补偿：

（1）火灾、爆炸、雷电。

（2）洪水、冰雹、龙卷风、海啸、破坏性地震、地面突然塌陷、崖崩、冰凌、泥石流。

（3）空中运行物体坠落，以及外来不属于被保险人所有或使用的建筑物和其他固体物体的倒塌。

（4）暴风或暴雨。

（五）家庭财产保险的索赔

参加家庭财产保险的农民，如果投保人家庭财产发生了意外事故，可按下列程序向保险公司索赔：

（1）判明出险时间是否在保险单的有效期内。

（2）判明出险是否属于保险责任范围，如火灾及暴风、暴雨等属于保险责任范围，附加有盗窃险即有明显痕迹入户行窃的也属保险责任范围，否则就不属于赔偿范围。

（3）核查财产是否属于可保财产或特保财产，如自有产权房屋、家电产品、家具、服装、生产用品等属于可保财产，而现金、股票、古董、字画等属于不可保财产，保险公司只赔偿可保财产和特保财产的损失。

（4）当投保人家庭遭受财产保险责任范围内的损失事故时，第一，投保人要通知消防、公安等部门前来援救、侦查；同时，要及时向保险公司报告，说清投保人姓名、地址、出险原因及大致情况。第二，在保险公司派人到现场勘查时，投保人应提供损失证明、损失清单、施救费用清单以及索赔的其他单证，并如实填写保险公司发给的"家庭财产保险赔偿申请单"。第三，对剩余的保险财产，保险公司一般折价归投保人，金额将在保险赔款中扣除，一般投保人应接受。第四，投保人一经同意保险公司的理赔结果，应立即到保险公司领取赔款，若投保人在规定时间内未去领取，保险公司即按"自动放弃索赔权益"处理。

三、机动车辆保险

（一）机动车辆保险基本情况

机动车辆保险是运输工具保险的一种，主要是以各种车辆为保险对象的保险，包括汽车、拖拉机、摩托车保险。

机动车辆保险分为私人车辆保险和商用车辆保险。商用车辆保险又可分为以载货为主的商业汽车和以载客为主的公共汽车（包括出租载客车）保险。

车辆损失保险的保险标的为车辆本身及各种特殊用途的车辆。

1. 碰撞责任

碰撞责任是机动车辆在使用过程中与其他车辆或物体发生碰撞或倾覆所造成的车辆损失。保险车辆所载物体与外界物体发生意外接触，造成保险财产的损失也属碰撞损失。车辆发生碰撞损失，只要不是投保人故意所为，不管驾驶员有无过失，均可获得保险公司的赔偿。如果车辆损失由第三者造成，投保人可直接向责任方追偿，也可向保险公司索取赔偿，但要将代位求偿权利转让给保险公司，并协助保险公司追偿。

2. 非碰撞责任

第一类是自然灾害和意外事故，这与财产保险中受到的雷击、洪水等自然灾害和火灾、爆炸等意外事故责任相同。第二类是运载车辆的渡船遭受自然灾害和意外事故（但必须有驾驶员随车照料），致使保险车辆本身发生损失，保险公司负责赔偿。第三类是全车（包括挂车）单独失窃 3 个月以上。保险车辆失窃经公安局备案，3 个月仍未找到，属保险公司责任。

3. 施救保护费用

施救保护费用的内容与企业财产保险相同，但不包括修理费。

车辆损失保险的除外责任除战争、军事冲突、暴乱及投保人故意行为外，还有酒后开车、无有效驾照行驶、人工直接供油；本车所载货物撞击；两轮摩托车或轻便摩托车失窃或停放期间翻倒；自然磨损、蛀蚀、轮胎自身爆裂或车辆自身正常性损失（但由于这些原因引起的碰撞、倾覆等，则属保险责任）；保险车辆遭受保险范围内的损失，未经必要修理，致使损失扩大的部分；因车辆遭受保险范围内的损失引起的停业、停驶等间接损失。

（二）第三者责任险

1. 概念

第三者责任险是保险的车辆因发生保险事故而产生的对第三者的人身伤害及财产损失依法应付的经济赔偿责任。它通常作为车辆中的基本险之一来承保，也可单独投保。

2. 保险标的

第三者责任险的保险标的不是车辆本身，而是机动车辆在使用过程中发生意外事故，致使第三者的人身伤亡或财产损失，依法应由投保人承担的经济赔偿责任。

3. 如何确定第三者责任险

投保人或其允许的驾驶员在使用保险车辆过程中发生意外事故，致使第三者的人身伤亡或财产的直接损失，在法律上应由投保人承担的经济赔偿责任，保险公司依据保险合同的有关规定给予赔偿。但由此产生的善后工作，由投保人自理。

在确定第三者责任时，保险车辆上所载货物可视为保险车辆。第三者是指投保人以外的其他人，如果投保人是单位，本单位驾驶员和工作人员不属于第三者，下属独立核算单位工作人员除外。私车保险中，其家庭成员不属于第三者。公共汽车的乘客、搭客不属于第三者。依法应负的赔偿责任，在我国由交通管理部门做出决定。

4. 碰撞责任

如果保险车辆与未保险的车辆碰撞，致使保险车辆上的司机、乘客伤亡或者车辆上所载货物损失，按第三者责任赔偿。如果双方都是保险车辆，双方的损失均按第三者责任处理。装卸货物时发生事故造成他人的人身伤亡或财产损失，不属保险损失。

5. 除外责任

第三者责任险的除外责任，包括酒后驾车，无有效驾照驾车，投保人故意行为，投保人所有或代管的财产，私有车辆投保人及家庭成员，以及他们自有或代管的财产，本车驾驶人员，本车的一切人员财产，拖带未保车辆或其他拖带物的损失，一切间接损失。

四、农业保险

（一）农业保险的险种

1. 农作物保险

农作物保险包括生长期农作物保险和收获期农作物保险两类。生长期农作物保险是以粮食作物、经济作物、园艺作物为保险对象的一种损失保险。主要承保农作物收获前的种植风险损失，包括：

（1）收获价值的损失保险。

（2）生产成本损失保险，即对水灾、霜冻、雹灾、风灾等灾害造成的减产或绝收，保险公司负责赔偿，具体有小麦、水稻、棉花、蔬菜种植险等。

收获期农作物保险是以粮食、经济、园艺作物收获期间的初级产品价值为承保对象的一种损失保险。初级产品就是农作物成熟后，进入场院、库房等地，处于晾晒、脱粒、烘烤等加工阶段的产品。由于自然原因或意外可能会发生灾害损失，如麦场失火、梅雨天气造成的霉粒损失，类似的还有水灾、风灾、雹灾、暴雨等给初级农产品造成的损失，保险公司负责赔偿。

2. 林木保险

林木保险包括森林和果树保险。森林保险是以人工和天然林为保险对象的一种损失保险。含林木生长期间自然灾害和意外事故造成的林木价值损失及经营林木生产费用损失保险。森林面临的灾害基本与农作物相同，其保险期一般较长。

3. 家畜保险

包括大牲畜、中小家畜、牧畜和家禽保险。大牲畜保险是以役用、种用、乳用、肉用大牲畜为承保对象的保险。它是家畜保险的主要险种。保险对象有耕牛、奶牛、肉牛、马、驴、骡、骆驼及种牛、种马等。保险责任是大牲畜在饲养使役过程中，因疾病、自然灾害意外事故造成的伤残或死亡，以及发生恶性传染病而强制宰杀、掩埋引起的经济损失。

中小家畜保险的对象是猪、羊、兔等小家畜。牧畜保险的对象是群养、群牧的牛、马、驴、骆驼等大牲畜以及绵羊、山羊等小牲畜。保险责任与大牲畜保险相同。

家禽保险是以商品性养殖的禽类动物的生命为对象的一种损失保险。家禽保险主要有养鸡、养鸭、养鹅、养鸽等养殖险。保险责任基本与大牲畜相同，只是零星、正常的死亡不在保险责任之内。

4. 水产养殖保险

含淡水和海水养殖保险。淡水养殖保险是以利用淡水水域进行人工养殖的水产品为承保对象的保险，如鱼、珍珠、河蚌、甲鱼养殖保险。海水养殖保险是以海水水域进行人工养殖的水产品为承保对象的保险，如对虾、扇贝、海带等的养殖保险。

（二）农业保险的保险责任与除外责任

1. 农作物的保险责任与除外责任

农作物保险的保险责任：在我国主要承保的有冰雹、台风、暴雨、洪水、霜冻、寒流等自然灾害造成的损失。

农作物保险的除外责任：社会政治风险，如战争或社会动乱，农产品价格下跌，农药污染或有毒化学物质泄漏造成污染的损失；生产管理不善造成的损失；通过正常渠道可以获得经济补偿的损失，如政府征用土地、占用农田等；通过努力可以避免的自然灾害；受灾后通过补救措施可以挽回的损失；农民可以承受的小额损失。

2. 林木保险的保险责任与除外责任

林木保险的保险责任：火灾、风灾、洪水、雪、冻、干旱、松毛虫、等造成的损失。

林木保险的除外责任与农作物保险基本相同。

3. 养殖业保险的保险责任与除外责任

畜禽保险的保险责任：①自然灾害损失责任。②意外伤害损失责任，如碰撞、摔跤、触电，建筑物倒塌；其他物体坠落、淹溺、互斗、野兽伤害、中毒引起的死亡损失。③疾病损失责任，包括流行性疾病、瘟疫、禽霍乱，以及为防疾病传染而宰杀掩埋的死亡损失。

畜禽保险的除外责任：承保人及家庭或饲养人员的故意行为；走失、被盗、战争、军事行动及政府征用导致的死亡；不按防疫要求或拒绝防疫和治疗导致的畜禽死亡。

4. 水产养殖的保险责任和除外责任

水产养殖的保险责任：①死亡责任，如缺氧死亡、疾病因治疗无效死亡；其他不属于自然灾害和意外事故造成的死亡，如第三者蓄意损害、投毒、爆炸以及排污引起的水源污染造成的死亡。②流失责任，如台风、龙卷风、海啸、洪水、暴雨造成堤坝决堤或海潮漫堤引起的鱼、虾流失损失。

水产养殖的除外责任包括自然死亡、承保方人员的故意行为等。

五、人身保险

（一）人身保险的险种

1. 人寿保险

这是一种以人的生死为保险事故的保险。当发生保险事故时，保险公司对被保险人履行给付保险金的责任。人寿保险对于家庭来说之所以必要，在于家庭中受赡养的成员要依靠有收入的被保险人生活，一旦被保险人因意外而过早死亡或退休，保险公司就会给付遗属或受益人一笔保险金，从而使被保险的家庭获得一定的经济保障。人寿保险的险种有：

（1）定期保险。参加定期保险的被保险人在合同约定的时期死亡，由保险公司给付其受益人合同约定的保险金，如果期满被保险人仍生存，保险公司不承担给付责任。定期保险费率低于任何一种人寿保险，适于低收入或暂时需要保险的个人。

（2）终身保险。是一种提供终身的死亡保险，一般以 100 岁为限。如果保险人在 100 岁内死亡，保险公司给付保险金，如果被保险人在 100 岁时仍生存，保险公司仍给付保险金。

（3）养老保险，又叫"储蓄保险"。如果被保险人在保险期内死亡，保险公司给付受益人保险金，如果被保险人在保险期满后仍然生存，保险公司给付被保险人保险金。养老保险是一种死亡保险与生存保险的综合，且具有投资的性质，可作为个人储蓄与退休金来计划安排。随着农村老龄化程度越来越高，有多少农村的老人辛苦劳作一辈子，年迈之后却没有生活经济来源，只能依靠儿女生活。而儿女们成家后生活压力大，再加上赡养老人，肩上担子更加沉重。所以为了减轻儿女的负担，也让自己生活得更好，农民办理养老保险是必然趋势。

（4）年金保险。是一种在被保险人或受益人的生存期或约定的时期内，按约定金额作定期给付的保险。年金保险的类别有：①纯粹终身年金，年金受领者只有在生存期可领取年金，死亡后停止给付，尚未使用的年金不退。②返还式年金，年金受领者死后，剩余年金继续给付受益人。个人养老保险就属这种年金，保险公司保证给付为期 10 年的年金，十年内被保险人死亡，保险金给付受益人。③即期给付年金，投保人一次性交费购买年金，在隔一个给付间隔期（如月、季、半年或 1 年）后，开始第一次给付的年金。④延期给付年金，投保人购买年金后，保险公司隔一段时间或在保险人达到某一年龄时开始给付的年金，各种退休保险一般属于这种。

2. 意外伤害险

这是一种被保险人在保险有效期间，因遭受外来、意外的事故，致其身体蒙受伤害而残废或死亡时，保险公司依照合同结付保险金的保险。它包括：

（1）普通意外伤害保险。专门为被保险人因意外事故所致身体蒙受伤害提供的保险。期限一般为 1 年。

（2）特种伤害保险。包括旅游伤害保险和交通事故伤害保险。旅游伤害保险，是对被保险人在旅行期间，在指定的旅途中发生的伤害事故提供的保险。交通事故伤害保险是一种对被保险人因交通事故所受伤害提供经济补偿的保险，它是旅客伤害保险的一种形式。

3. 健康保险

这种保险是被保险人在保险合同有效期内因疾病或意外事故导致残废或死亡时，保险公司依照保险合同给付保险金。包括：

（1）住院费用保险。这是给付被保险人在住院期间的病房和伙食费用以及医药费和杂费。这种保险一般规定一个住院保险期限和医药费最高限额。

（2）外科费用保险。这是一种以外科手术费用给付的一种健康医疗保险。

（3）普通医疗费用保险。这种保险只给付除外科的门诊医疗费用。一般有门诊次数和最高医疗费金额限制。

（4）残疾金保险。这是一种当被保险人因疾病或意外伤害不能从事正常工作时，由保险公司按照一定的等级标准给付残疾金的保险。

人身保险除以上险种外，还有学生团体平安保险、子女教育保险、婚嫁金保险等多种。

（二）人身保险中几种人的关系

人身保险中几种人包括投保人、被保险人和受益人。投保人又叫"要保人"，就是与保险公司签订保险合同并负有交保险费用义务的人。投保人可以是被保险人，就是说自己给自己投保，也可以是对被保险人具有可保利益的人，如给自己的妻子、父母、儿女投保。投保人必须是具有行为能力、权利能力的法人或自然人。

被保险人是受保险合同保障的人。如果保险事故发生或保险期满，被保险人有权按照保险合同向保险公司领取保险金。被保险人可以是投保人。

受益人是由被保险人或投保人指定的保险事故发生后或保险期满后有权按照保险合同领取保险金的人。受益人可以是投保人，也可以是被保险人。投保人指定的其他受益人，需经被保险人同意。

（三）人身保险的交费与索赔

投保人在保险合同签字成立时，可以向保险公司一次性交足全部保险费，也可以按合同约定分期支付保险费。合同约定分期支付保险费的，投保人应于合同成立时交付首期保险费，并按期支付其余的各期保险费。

在被保险人发生保险责任范围内的伤残、死亡事故时，投保人或受益人应及时报告保险公司。经保险公司勘查、证实事故居于保险责任范围，受益人即可到保险公司办理保险金的领取手续。如果被保险人生存到保险合同期满，从保险期满的次日起，就可到保险公司办理保险金的领取手续。

（四）办理人身保险时应注意的问题

1. 投保后要备案。人寿保险长的要管几十年，甚至一辈子，因此应将保单中的有关重要资料，如保险公司名称、地址、保单生效日、交费金额、日期、联系电话等记下，以备不时之需。

2. 注意宽限期。保费支付的宽限期为合同规定支付日后 60 天，如果过期仍未交保费的，则保险合同失效。

3. 不能为无民事行为能力的人投保，但父母为其未成年的子女投保人身保险不在此限。

4. 被保险人故意犯罪导致死亡、伤残的，保险公司不负赔偿责任。

5. 我国幅员广大，每个保险公司开办的人身保险也不尽相同，有的开办简易人身保险、团体人寿保险、一生平安保险；有的开办终身保险、长寿保险、递增养老金保险。每一种保险的办理规定、收费方法、优惠条件也有差异，农民在办理保险时要仔细询问，做到心里明白，然后再购买。

六、农村养老保险

农村养老保险属于政府行为，福利性质，实行储备积累制度，建立个人账户。农民个人缴费和集体补助全部记在个人名下，属于个人所有，是为自己养老存钱。个人领取养老金的多少取决于个人缴费的多少和积累时间的长短。

（一）农村社会养老保险的缴费方式

1. 定期交费方式

在收入比较稳定的地方或对较富裕人群可以采用定期交费方式。如乡镇企业可按月、按季缴纳保费，富裕农民可按半年或按年缴纳保费，其交费额既可以按收入的比例，也可以按一定的数额缴纳。

2. 不定期交费方式

如果收入不稳定或者交费不方便，也可采取不定期交费的方式。丰年多交，欠年少交，灾年缓交。家庭收入好时交，不好时可不交。

3. 一次性交费方式

年龄偏大的农民可以采取这种方式，根据自己年老后的保障水平和自己的经济承受能力，可将保费一次性交足，到 60 周岁后按照规定领取养老金。

(二) 保险对象的权益

(1) 投保人领取养老金，保证期为 10 年。领取养老金不足 10 年身故者，保证期内的养老金余额可以继承。无继承人或指定受益人者，按规定支付丧葬费用。领取保费超过 10 年的长寿者，领取养老金直至身故为止。

(2) 投保人在交费期间身故者，个人已缴纳全部本息，退给其法定继承人或指定受益人。

(3) 保险对象从本县（市）迁往外地，若迁入地尚未建立农村社会养老保险制度的，可将其个人缴纳全部本息退给本人。

(4) 投保人招工、考学等农转非，可将保险关系（含资金）转入新的保险轨道，或将个人缴纳全部本息退还本人。

(三) 农村社会养老保险的办理

农村社会养老保险管理机构是劳动和社会保障部门，有关农村社会养老保险政策等具体事宜可直接到各县、市、区劳动部门下设的农村社会养老保险中心办理。农村养老保险是政府为农民建起的一座没有围墙的敬老院，可以根据自己的实际情况选择入保方式。

■ 案 例 解 惑

1. 不买最贵的，只买最适合自己的

每个险种都有自己的特点，这么多险种哪一款好哪一款不好，不是绝对的，比如说这款产品对张三是最好的，但对李四就不一定合适，不一定要挑最贵的，但一定要挑最适合自己，能最大地满足自己要求的保险。

2. 中年人买保险

主要是指 40 岁以上的农民，他们要考虑年纪大了干农活干不动后的生活保障，就必须考虑给自己设定足够的"保险系数"，给自己的晚年生活提供充裕的物质保障。

3. 给家庭经济支柱买保险

一个家庭，上有老、下有小，到底为谁先投保呢？很多人首先想到的是孩子。其实，家庭的主要劳动力才是整个家庭的"保护伞"，他们的旦夕祸福直接关系到整个家庭的稳定与幸福，如其惨遭意外或突然身故将会给家庭带来经济困难。故家庭的投保重点应放在主要劳动力身上。当然，在有一定的余钱时，也要顾及其他成员的保障。

4. 先买意外险和健康险

农村家庭投保的首要目的是防范风险，防止因各种意外对家庭造成的损失，保证家庭的正常生活。一般来说，农村家庭投保首要考虑投保健康险和意外险，其次才能购买具有投资功能的子女教育婚嫁金保险和养老金保险。也就是说如果没有任何的商业保险，买保险一般应按下面的顺序：意外险（寿险），健康险（含重大疾病、医疗险）；教育险、养老险；分红险、投资联结险、万能险。

5. 应该买农业保险

由于受到自然气候条件的影响，农业灾害发生的频率很高，尤其是在我国自然灾害更加频繁，且灾害一旦发生，牵涉的区域相当广泛，由此造成的损失规模也相当大，所以农民为避免损失，应该买农业保险，尤其是从事大规律种植、养殖业的农民，更应该购买农业保险。

6. 量力缴纳保险费

农村家庭的收入既要应付柴米油盐之类的日常开支，还要购买农具等生产资料以及根据需要和轻重缓急购买衣物和大件商品等消费品，另外，还要依惯例存一部分钱于银行，以备急用。那么，究竟要用多少钱来买保险呢？一般认为，家庭收入的1⅑用来购买保险为宜。如果缴费过高，一旦将来经济收入状况变差，就很难继续缴纳高额的保险费，到时如果退保还会造成损失。因此，农村家庭切忌盲目购买保险。

7. 合理搭配险种

保险有上百种，买保险可以在保险项目上搞个组合，如购买1～2个主险附加意外伤害、重大疾病保险，以得到全面保障。在全面考虑所需要投保的项目时，要进行综合安排，避免重复投保，使用于投保的资金得到最有效地运用。

■ 能 力 转 化

● 思考题

根据自身情况，思考自己已有哪些保险？这些保险有什么作用？你认为还有哪些保险适合自己？

● **案例分析**

　　2004 年 7 月 5 日，某村居民陈某家失窃，盗窃分子盗走了其刚买的彩色电视机一台，价值 5 000 余元。案发后 3 个月，陈某得到了太平洋财产保险公司的全额赔款。到 2005 年 4 月 8 日，在公安局举办的被盗财物认领会上，陈某意外发现了自己失窃的彩色电视机。经邻居及所在地区派出所出具证明，他领回了这台彩电，但发现损坏了一个机件，经修理后恢复正常，修理费花去 85 元。彩电被盗复得后，陈某并未通知太平洋财产保险公司，当地群众向太平洋财产保险公司反映了这一情况。于是太平洋财产保险公司工作人员前往陈家，决定收回彩电或让陈某退回赔款，但被陈某拒绝。

　　以下是对本案的不同观点，你认为哪个正确？

　　◆ 认为彩色电视机是在保险有效期内被盗的，符合家庭财产保险附加盗窃险中的有关规定，陈某获得太平洋财产保险公司的赔款是正当的权益，不应该退回。陈某抱回的彩电是公安局破的案，领回失物与保险赔款风马牛不相及。因此，陈某可以不退回赔款，也不必交出彩电。

　　◆ 认为太平洋财产保险公司在支付赔款时并未办理权益转让的手续，况且事隔 8 个多月，已不在保险有效期内，再追回赔款或收回彩电均是不恰当的。

　　◆ 认为无论办理权益转让与否，也无论是否在保险有效期内，太平洋财产保险公司均有权追回赔款或者收回被盗复得的彩电。

主要参考文献

毕美家 . 2008. 农民专业合作社培训教材［M］. 北京：高等教育出版社 .

蔡文远 . 1989. 农村保险［M］. 北京：北京农业大学出版社 .

冯留喜 . 2010. 经济法基础［M］. 北京：北京师范大学出版社 .

郭延安 . 2008. 现代农村金融［M］. 北京：中国金融出版社 .

李秉龙，薛兴利 . 2003. 农业经济学［M］. 北京：中国农业出版社 .

刘强 . 2007. 农业经营与管理［M］. 2 版 . 北京：高等教育出版社 .

路君平 . 2007. 农村金融知识读本［M］. 北京：中国社会科学出版社 .

农业部行业职业技能培训教材编审委员会 . 2004. 农产品经纪人读本［M］. 北京：中国农
  业出版社 .

农业部农民科技教育培训中心，中央农业广播电视学校 . 2013. 经济法与经济纠纷处理
  ［M］. 2 版 . 北京：中国农业出版社 .

钱东伟 . 2000. 农业经济与管理［M］. 北京：中国农业出版社 .

王彦勇，刘宏印 . 1997. 农村经纪人读本［M］. 北京：中国农业科学技术出版社 .

许开录 . 2010. 农业经济管理［M］. 北京：化学工业出版社 .

赵桂艳 . 1998. 农产品成本核算［M］. 长春：吉林科学技术出版社 .

朱道华 . 2000. 农业经济学［M］. 4 版 . 北京：中国农业出版社 .

图书在版编目（CIP）数据

新农村经济实务/王治文主编 . —北京：中国农
业出版社，2017.8
新型职业农民示范培训教材
ISBN 978-7-109-23030-9

Ⅰ.①新… Ⅱ.①王… Ⅲ.①农村经济发展－中国－
技术培训－教材 Ⅳ.①F323

中国版本图书馆 CIP 数据核字（2017）第 136473 号

中国农业出版社出版
（北京市朝阳区麦子店街 18 号楼）
（邮政编码 100125）
责任编辑 郭晨茜 诸复祈
三河市君旺印务有限公司 新华书店北京发行所发行
2017 年 8 月第 1 版 2017 年 8 月河北第 1 次印刷

开本：720mm×960mm 1/16 印张：12
字数：205 千字
定价：31.50 元
（凡本版图书出现印刷、装订错误，请向出版社发行部调换）